理论与方法：
大学英语教学综合研究

王　羽◎著

吉林出版集团股份有限公司

图书在版编目（CIP）数据

理论与方法 ： 大学英语教学综合研究 / 王羽著. —
长春 ： 吉林出版集团股份有限公司，2024.2
ISBN 978-7-5731-4645-8

Ⅰ. ①理… Ⅱ. ①王… Ⅲ. ①英语－教学研究－高等
学校 Ⅳ. ①H319.3

中国国家版本馆 CIP 数据核字（2024）第 049793 号

理论与方法：大学英语教学综合研究

LILUN YU FANGFA DAXUE YINGYU JIAOXUE ZONGHE YANJIU

著　　者　王　羽
出版策划　崔文辉
责任编辑　杨　蕊
封面设计　文　一
出　　版　吉林出版集团股份有限公司
　　　　　（长春市福祉大路 5788 号，邮政编码：130118）
发　　行　吉林出版集团译文图书经营有限公司
　　　　　（http：//shop34896900.taobao.com）
电　　话　总编办：0431-81629909　营销部：0431-81629880/81629900
印　　刷　廊坊市广阳区九洲印刷厂
开　　本　787mm×1092mm　1/16
字　　数　216 千字
印　　张　13.25
版　　次　2024 年 2 月第 1 版
印　　次　2024 年 2 月第 1 次印刷
书　　号　ISBN 978-7-5731-4645-8
定　　价　78.00 元

前　言

在全球化时代，英语作为国际交流的重要工具，其在各个领域的应用日益广泛。在我国，大学英语教学已经成了高等教育的重要组成部分，其教学质量直接影响着国家人才培养的质量和水平。因此，对大学英语教学进行综合研究，探索其理论和方法，具有重要的现实意义。

本书旨在对大学英语教学进行深入探讨，分析其现状、问题及对策，以期为我国大学英语教学改革提供有益的参考。本书共分为六章：

第一章为导言性内容，主要介绍大学英语教学的理论基础，探讨大学英语教学的概述性内容，包括基础理论、教学评估、改革发展。

第二章为大学英语的教学模式，主要阐述大学英语教学中常见的教学模式，有探究式教学模式、多元智能教学模式、参与式教学模式、内容型教学模式。

第三章为高校英语教学方法的研究，主要是大学英语教学的方法阐述，包括含义概括、常用方法以及教学方法的发展。

第四章为高校英语文化教学研究，主要是文化教学的内容、目标和原则，文化教学的方法和应用。

第五章为高校英语教学的实践性研究，包括大学英语教学中的阅读、听力、写作、口语、翻译等实践性内容。

第六章探讨大学英语教学的未来发展，主要是个性化教学、ESP 教学和互联网教学的未来发展内容。

希望本书能为大学英语教师提供有益的启示和指导，推动我国大学英语教学的改革和发展。同时，也期待广大教师和学者积极参与讨论，共同探索新时代下大学英语教学的新理论、新方法和新实践。

目 录

第一章　大学英语教育教学理论基础

第一节　英语教学基础理论

一、比较语言学

语言学对比研究，亦称为历史比较语言学，涉及将不同语言在某一特定时间点进行比较，或对单一语言在不同历史阶段的演变进行追踪比较。这一学科旨在揭示语言在发音、词汇和句法结构上的相互关联及其差异。通过这种研究方法，我们既能探求语言间的亲缘关系，追溯它们的共同源头，也能理解各语言独有的特征，这对语言教学有所助益。同时，它还能帮助我们追踪语言的发展轨迹，理解语言变迁的原因。19 世纪，这一学科在印欧语系的研究中得到了广泛的应用，并取得了显著成就。德国语言学家格里木、葆朴以及丹麦语言学家拉斯克被视为该领域的奠基人。

语言学对比研究的根源可以追溯到 18 世纪和 19 世纪的欧洲，当时的研究焦点在于印欧语系的语音系统。1808 年，施勒格尔发表了题为《论印度人的语言和智慧》的论文，他在文中强调了研究语言内部结构的重要性，并指出梵语与拉丁语、希腊语、日耳曼语等在词汇和语法上存在亲缘关系，同时提出了“比较语法”这一术语。拉斯克在 1811 年出版了一部关于古北欧语的语法著作，并在 1830 年又出版了一部探讨古英语语法的作品。在这两部作品中，他首次利用语音对应关系来比较不同语言中的词源形式。而后来被称为“格里木定律”的对应关系，实际上是由拉斯克首先提出并验证的。格里木在 1822 年出版的《德语语法》（第 2 版）中，详细讨论了字母系统，并阐释了德语与其他印欧语言间的语音对应关系，这些规律后来被命名为“格里木定律”。葆朴的研究着眼于发掘语言的原始语法结构，他在《比较语法》一书中提出，他的目标是对比描述相关语言，并探索这些语言所遵循的规律及其变化的根源。在探索原始语法结构的过程中，他揭示了比较语法的原则。

二、理论语言学概述

通常，将专注于特定语言的学问，如汉语语言学或英语语言学，称为具体语言学。而那些更侧重于理论探讨的领域则被归为理论语言学。作为语言学的一个分支，理论语言学同样是一门极为严谨的学科。它主要关注的是人类语言的普遍规律和共同特征，而不是针对某一种具体语言的研究。这与专注于现代汉语、古代汉语、现代英语等具体语言课程或学科有着显著的区别。理论语言学旨在从具体的语言现象中提炼出普遍的理论和规律，并利用这些理论来指导具体语言的学习与研究。它的研究内容涵盖语言的本质、结构、意义以及使用方式等多个方面，主要分支包括语音学、音系学、词汇学、句法学和语义学。这些理论的研究成果能够有效地帮助我们更加正确、科学和全面地理解语言。语音学探讨语音的物理特性、人类的发音方式以及语言感知的生理过程，涉及发音机制、元音、辅音、语言的韵律特征等方面；音系学研究语言中不同音素的种类、它们之间的差异和联系，主要关注音位和语音的区分特征；词汇学关注词汇的构成和变化规律；句法学研究句子的构成，而语义学则探讨词汇的意义以及诸如同义、反义、上下义等语义关系。这些学科的研究成果可以直接应用于英语教学等实践活动。

三、社会语言学的兴起

社会语言学作为一门跨学科领域，起源于 20 世纪 60 年代的美国，它结合了语言学和社会学的理论与方法，致力于从多个社会科学视角探讨语言的社会属性和差异性。社会语言学专注于研究社会各层面，如文化规范、社会规范和对话环境，对语言使用的影响，以及语言对社会的影响。它与语言社会学的主要区别在于，社会语言学更强调社会对语言的影响，而语言社会学则侧重于语言对社会的影响。社会语言学的研究内容与语用学有诸多相似之处，而且在传统上与语言人类学较为接近。具体而言，社会语言学研究不同社会群体，如种族、社会阶层、性别、教育水平、年龄等，使用的语言差异，以及这些社会特征是如何形成并用来标识个人在社会阶层中的位置的。美国社会语言学家海姆斯认为，社会语言学的研究目标应包括三个方面：一是同时关注社会和语言目标；二是研究社会现实的语言层面；三是探讨社会结构中的语言构成，以追求对语言使用广泛理论的研究。海姆斯特别强调社会语言学的研究目标应当具有广泛性、跨学科性和多学科性。

四、应用语言学的演变

19 世纪初，语言学研究开始分为理论研究和应用研究两个方向。19 世纪末，J.N. 博杜恩 · 德 · 库尔德内首次提出了应用语言学的概念，但当时并未引起广泛注意。进入 20 世纪，语言科学得到了显著发展，应用范围大幅扩展，应用语言学作为一个独立领域开始被广泛认可，并逐渐与理论语言学区分开来。

应用语言学专注于研究语言在实际应用中的各种问题，它关注的是解决现实生活中的实际问题，而不涉及语言的历史状态，也不深入参与理论上的争论。它可以被看作是检验各种理论的实验室。应用语言学的研究基础建立在语言规划、语言教学和语言信息处理这三个主要支柱上，并向其他学科领域延伸。这个研究框架清晰地界定了应用语言学的学科属性和研究范围。应用语言学具有独立性、综合性、应用性和实验性等特点，其研究重点在于语言的实际应用，强调与其他学科的交叉融合，以此为基础分析现象和问题，探索规律和方法，建立科学的应用语言学体系。应用语言学的研究不应是静态的，而应置于动态的语言应用过程中，通过对语言应用的研究来深入理解其性质。

在广义上，任何与语言学应用相关的问题都属于应用语言学的研究范畴，它涵盖了语言学知识和研究成果在各个领域和方面的应用。狭义上，应用语言学特指语言教学，尤其是外语教学和第二语言教学。目前，人们通常从狭义角度谈论应用语言学。应用语言学是连接语言理论和教学实践的桥梁，对英语和第二语言学习的研究是其核心。比较分析和错误分析等理论为语言教学和学习提供了有益的指导，如通过比较母语和目标语言来预测学习难点，以及系统分析学习者的语言错误以改进教学方法和学习策略。教学法研究也是应用语言学的重点，包括语法翻译法、直接教学法、听说教学法、情景教学法、功能教学法、交际教学法等。近年来，应用语言学的研究重点逐渐转向学习者的个体差异，如智力、语言学能力、人格特征、学习风格、策略、动机、兴趣、家庭环境等。语言测试也是当前的热点问题，特别是在应试教育环境中，人们开始寻求更有效的测试和评估方法，这些方法对英语教学产生了积极的影响。英语测试根据其目的可分为潜能测试、诊断测试、成绩测试和水平测试等类型。试卷设计、评分计算和评估都是应用语言学关注的问题。此外，形成性评价在英语教学中的应用也受到了关注，它关注学生如何在学习过程中运用所学知识，以客观反映学生的进步。

五、行为主义心理学的兴起

行为主义心理学是 20 世纪 50 年代在美国崭露头角的一种心理学流派，它不仅是美国现代心理学的主要分支之一，也是对西方心理学界影响深远的学派。这一学派的创始人是美国心理学家华生。行为主义心理学倡导使用客观的方法来研究人类行为，目的是预测和控制有机体的行为。它主要分为古典行为主义和新行为主义两个学派，其代表人物分别是华生和斯金纳等。

行为主义心理学的研究手段多样，包括观察法、条件反射法、言语报告法、测验法和社会实验法等。观察法涵盖了自然观察和利用仪器的观察。条件反射法是将生理学中的条件反射原理应用于心理学中对行为的研究，是行为主义心理学中最为关键的研究方法。言语报告法是指被试者描述其内在变化，也称为口头报告法。行为主义的测验法是通过测验被试者对刺激情境的反应，这种方法适用于有语言障碍的人。行为主义的社会实验法在某种程度上是行为主义原则在社会问题研究中的应用，用于探讨社会情境与社会变化之间的关系。其中，斯金纳的操作条件反射理论产生了广泛的影响。例如，在幼儿园，新入园的学生可能会有多种反应，如与其他学生交谈、注意教师、在教室内走动、打扰其他学生等。教师通过强化某些反应，如对关注教师的学生微笑，可以增加这些反应的频率。在人类的各种情境中，学习可以被看作是操作过程。要改变行为，只需奖励我们希望改变的行为，当预期的行为出现后立即进行强化，如此反复，我们希望的行为再次发生的概率就会增加。这个原则也适用于人类发展的研究。

六、人本主义心理学的兴起

人本主义心理学是20世纪五六十年代在美国崭露头角的一种心理学流派，它与行为主义和精神分析并列，成为心理学的三大主要势力。这一学派的领军人物包括马斯洛和罗杰斯。人本主义心理学的教学和学习观念对全球教育改革产生了深远的影响，它与程序教学运动和学科结构运动并称为20世纪的三大教学运动。人本主义心理学的研究核心是人的本性和其与社会生活的联系。该学派强调人的尊严和价值，反对将人性动物化和机械化的观点，主张心理学应关注对个人和社会进步有重大意义的问题。在研究方法上，人本主义心理学家反对将动物实验结果应用于人类行为的研究，主张对人格发展进行整体分析和个案研究。无论是马斯洛的自然人性论和自我实现的需求层次理论，还是罗杰斯基于尊重、真诚和接纳的“完人”教育理念，都是从人性角度出发，引导我们重新思考儿童的本性、潜能、需求与自我实现，以及早期教育活动的开展等问题。

马斯洛的理论认为人性本善，强调教育的功能是为了实现人的目的，即人的自我实现，这是人能够达到的最高发展水平。马斯洛认为人天生具有潜能，发挥这种潜能和超越自我是人的基本需求。环境对于潜能的实现起着促进作用，但并非所有环境都有利于潜能的发展。只有在和谐、真诚、信任和理解的环境中，潜能才能得到充分的发挥。为了促进儿童的健康发展，应该信任他们并信赖成长的自然过程，避免过度干预、揠苗助长或强迫其达成预期目标，而是应该以道家的方式让他们自然成长，并帮助他们成长。

七、皮亚杰的发生认识论概述

发生认识论是由瑞士心理学家皮亚杰提出的，基于他领导的日内瓦学派对儿童心理发展的研究以及其他学科对认识论的研究。这一理论旨在从认识的历史、社会基础、概念依据以及认知心理起源等方面来阐释认识的过程，尤其是科学认识的形成。皮亚杰认为，人类的知识，无论其深度和复杂性如何，都能追溯到童年甚至胚胎时期。他探讨了儿童出生后认识是如何形成的，智力思维是如何发展的，以及这些过程受到哪些因素的制约，认知结构的内在特点是什么，不同水平的智力和思维结构是如何依次出现的等问题。

皮亚杰的发生认识论对学习的基本观点可以总结为以下几点：（1）学习在认知结构的功能、发展和成长的大背景下只起到有限的作用。（2）学习特定的行为或内容需要相应的认知结构作为基础。个体对客观世界的行动本身就是对认知结构的操作活动，在这个过程中，个体会将新信息融入现有结构，有时甚至需要改变这些结构以适应新信息。（3）认知结构按照一定的规律成长和发展。认知成长的功能不在于产生现实的、可验证的行为图式复本，而在于形成越来越强有力的逻辑结构，使个体能够以越来越灵活和复杂的方式应对现实世界。

八、建构主义理论的核心观点

建构主义是一种关于知识和学习的理论，它强调学习者的主体性，认为学习是学习者基于自身原有的知识和经验，通过生成意义和建构理解的过程来完成的，这一过程通常在社会文化互动中进行。建构主义理论的关键代表人物包括皮亚杰、科恩伯格、斯滕伯格、卡茨和维果斯基。建构主义倡导在教师指导下的、以学习者为中心的学习模式，即既突出学习者的认知主体地位，又不忽视教师的指导作用。在这种模式下，教师扮演的是意义建构的协助者和促进者，而非仅仅是知识的传递者和灌输者。学生则是信息处理的主体，是意义的积极建构者，而非被动接受外部刺激的对象。在 20 世纪 80 年代，建构主义主要停留在理论研究层面，缺乏实践操作的具体方法。然而，随着20世纪90年代以后多媒体和网络技术的快速发展，为建构主义学习环境提供了技术支持，使得建构主义学习理论的教学设计得以实施。

建构主义理论虽然内容丰富，但其核心可以简化为：以学生为中心，强调学生对知识的主动探索、自主发现和对所学知识意义的主动建构，而不是传统教学中教师将知识从自己的头脑传送到学生的笔记本上。以学生为中心强调的是“学习”，而以教师为中心强调的是“教学”。这两种教育思想、教学观念的根本区别，导致了两种对立的学习理论、教学理论和教学设计理论的发展。由于建构主义所要求的学习环境得到了现代信息技术的有力支持，使得建构主义理论与广大教师的教学实践相结合，成为国内外学校深化教学改革的指导理念。

九、乔姆斯基的语言学理论概述

美国著名哲学家和语言学家乔姆斯基的研究焦点在于语言能力，而非语言的使用。他的转换生成语法理论关注的是说话者和听者理想化的语言知识。乔姆斯基认为，语言理论的关键是提供选择语法时的标准。生成语法理论的核心观点是，一种语言的语法应能生成所有可能的句子。他提出，语言能力是指说某种语言的人对这种语言的内在理解，而语言运用则是指具体的语言使用行为。在大多数情况下，语言能力和语言运用并不一致，语言运用并不是语言能力的直接表现。

尽管乔姆斯基本人并不认同他的语言学理论属于结构主义，但许多学者认为他的理论与结构主义有着密切的联系，特别是在他与索绪尔语言学方法的关系上。索绪尔区分了语言和言语的关系，而乔姆斯基则区分了语言能力和语言运用的关系。然而，他反驳了索绪尔关于语言是意义和声音的网络的看法。乔姆斯基强调语言的创造性，认为语言能力是一种创造过程。尽管他反对索绪尔的语言学方法，但他实际上继承了索绪尔之后的结构主义方法，这是一个不可否认的事实。

十、克拉申的第二语言习得理论要点

在第二语言习得研究领域，美国语言教育家克拉申的理论贡献最为显著，影响深远。他的理论是对过去二三十年来第二语言或外语学习研究的综合和概括，将这些研究成果理论化和系统化，形成了一套完整的学说。克拉申自 20 世纪 70 年代初便开始专注于第二语言习得的研究，经过数十年的深入研究，他在 80 年代初发表了两部代表作《第二语言习得和第二语言学习》《第二语言习得的原则和实践》，并与特雷尔合著了《自然途径》一书。在这些著作中，克拉申分析了第二语言习得的过程，并系统地阐述了他的外语教学理念和体系。克拉申的第二语言习得理论主要包括以下五个核心假设：习得—学得差异假设、监检假设、输入假设、情感过滤假设和自然顺序假设。

1. 习得—学得差异假设的阐释

克拉申的第二语言习得理论以区分“习得”和“学得”为起点和核心，探讨了这两个过程在第二语言能力发展中的作用。根据习得—学得差异假设，成人通过两种完全不同的方式逐步获得第二语言能力。首先，通过“语言习得”，这一过程类似于儿童学习母语的方式，是一种无意识、自然的学习过程。在学习者意识到之前，他们已经在自然的社交互动中不知不觉地掌握了第二语言。其次，通过“语言学习”，即通过听教师解释语言现象和语法规则，并通过有意识的练习和记忆等学习活动，学习者对所学语言有了理解和对其语法概念的掌握。习得带来的是潜意识中的语言能力，而学得带来的是对语言结构的有意识掌握。克拉申认为，只有通过习得，第二语言能力才能得到直接发展，这是使用语言时的生成机制；而对语言结构的有意识了解，作为学得的结果，只能在语言使用中起到监控作用，并不能算作语言能力的一部分。克拉申强调习得的重要性，认为它是首要的，但也不否认学得的作用。

2. 监检假设的详细说明

与习得—学得差异假设紧密相关的是监检假设，它揭示了语言习得与语言学习之间的相互作用。根据监检假设，习得和学习在语言能力发展中扮演着不同的角色。通常，习得使我们能够自然而然地使用第二语言，并直接影响我们说话的流畅性；而学习则起到一种监控或编辑的作用。换言之，当我们说话时，话语首先由习得系统生成，然后通过学习系统的监控，最终成为流畅的言语表达。这种学习的监控功能可能在我们说话或写作之前，也可能在其后发挥作用，但其有效性的发挥取决于三个条件：（1）语言使用者必须有足够的时间来有效地选择和应用语法规则；（2）语言使用者的注意力必须集中在语言的形式上，即考虑语言的正确性；（3）语言使用者必须已经掌握所学语言的语法概念和语言规则。

在口头交流中，人们往往没有时间去仔细考虑语法，更注重的是说话的内容而非形式。如果语法规则不是通过习得而来，那么在即时交流中很难发挥作用。因此，在口头交流中，如果一个人过度使用语法监控，不断地纠正自己讲话中的错误，可能会导致说话结巴，让对方失去交谈的兴趣，从而无法有效交流思想。然而，在预先准备的正式发言和写作中，适当使用语法可以提高语言的准确性，为演讲或文章增添魅力。

克拉申区分了三种不同的监检使用类型：第一种是使用得相对成功的人。这类人在口头语言使用中可能会偶尔失言，但一经指出就能自我改正；在写作时，由于注重语言形式，错误较少。第二种是过度使用监检的人。这类人对语言规则了解颇多，但口头表达时过于谨慎，而书面语通常较为准确。第三种是使用监检不足的人。这类人能够进行口头表达，但错误频繁，且难以自行改正。

3. 输入假设的阐释

克拉申的第二语言习得理论中的输入假设是理论的重要组成部分。这一假设揭示了习得者如何接收和内化语言材料的过程。传统的外语教学受结构主义语言学影响，强调先学习句子结构（句型），然后通过交际练习来巩固。克拉申则认为，只有当习得者接触到略高于其现有水平的“可理解的语言输入”，并且能够将注意力集中在意义理解而非形式理解上时，习得才会发生。这种“i+1”的输入并不需要刻意提供，只要习得者能够理解输入，并且输入量足够，就能自然而然地提供这种输入。根据输入假设，流利的说话能力是随着时间自然发展的，无法通过直接教学获得。

克拉申认为理想的输入应具备以下特点：

（1）可理解性：理解输入语言的编码信息是习得的必要条件，不可理解的输入只是噪声。

（2）既有趣又有关：输入的语言材料越有趣、越相关，学习者就越可能在不知不觉中习得语言。

（3）非语法程序安排：语言习得的关键是足够的可理解输入。如果目标是习得而非学习，那么按语法程序安排的教学既不必要也不够有效。

（4）足够的输入量：要习得新的语言结构，仅靠几道练习和几篇短文是不够的，需要连续多小时的有趣且内容丰富的广泛阅读和大量会话。

4. 情感过滤假设的说明

情感过滤假设指出，尽管有大量适合的输入环境，学生并不一定就能学好目标语言，因为第二语言习得的过程还受多种情感因素的影响。语言输入必须通过情感过滤才有可能被习得者吸收。这意味着，学习者的情感状态，如自信心、焦虑水平和对语言的兴趣，都会影响他们对语言输入的接受程度和习得效果。因此，为了促进有效的语言习得，除了提供合适的输入外，还需要考虑和培养学习者的积极情感态度。

在语言输入抵达大脑并进入语言习得机制的过程中，情感过滤扮演了关键角色，是输入信息必须首先克服的障碍。换言之，情感因素对语言习得既可能起到推动作用，也可能构成阻碍。克拉申在总结第二语言教学的历史经验时发现，在习得第二语言或外语的过程中，习得者并不会无条件地吸收所有听到的内容。几个心理因素会影响他们习得语言的速率和成效，这些因素包括：

（1）动力：学生的学习目标是否清晰，这直接关系着他们的学习成效。目标明确的学生通常更有动力，进步也更快；目标不明确的学生则可能收效甚微。

（2）性格：大量研究显示，那些自信、外向、愿意置身于陌生学习环境并自我感觉良好的学生，在学习上往往进步得更快。

（3）情感状态：这主要指的是焦虑与放松这两种相对的精神状态。它们在很大程度上影响着学生对语言输入的接受。在第二语言或外语学习中，焦虑感较低的学生更容易接受语言输入。同样，心情放松和感觉舒适的学生在较短的时间内往往能取得更好的学习效果。

5. 自然顺序假设

这一假设提出，人们对语言结构知识的习得遵循一个可预测的顺序，这一顺序在近年来的语言习得理论研究中得到了证实。无论是儿童还是成人，无论是学习母语还是第二语言，语言习得似乎都遵循一个自然的顺序，即某些语言结构会先于其他结构被习得。例如，实验研究显示，儿童和成人在学习英语作为第二语言时，通常会先掌握进行时态，后掌握过去时态；先掌握名词复数形式，后掌握名词所有格等。

克拉申强调，自然顺序假设并不意味着教学大纲应该按照这一顺序来设计。实际上，如果我们旨在培养学生的某种语言能力，那么就没有必要严格遵循任何语法顺序进行教学。

十一、斯温纳的“输出假设”

自克拉申提出“输入假设”以来，语言输入的重要性已为学界广泛接受；同时，语言输出的作用也日益显著，受到了语言学者和外语教学工作者的关注。斯温纳通过长期的沉浸式教学研究观察到，尽管学生在课堂环境中接收了大量的语言输入，但他们并没有足够的机会使用目标语言。此外，社会和认知压力的不足也不能促使学习者使用准确、恰当、连贯的语言来表达有交际意义的情感需求。基于这些研究，斯温纳提出了对克拉申的“可理解性输入假设”的补充和改进，即“可理解性输出假设”。经过多次修订，她详细阐述了可理解性输出假设的三个基本功能：

1. 注意功能。这里指的是学习者对自己语言能力的关注。输出要发挥作用，必须有一个前提，即学习者具备足够的认知资源来完成对语言形式和意义的关注。在产出目标语言时，学习者会注意到自己想表达和能表达的内容之间的差距，这能让他们意识到自己不知道或部分知道的语言知识。当学习者认识到自己的语言问题时，他们会在后续的输入中更加关注相关的语言特征，加强对这些输入信息的处理，从而在一定程度上促进学习者从单纯的语义加工转向句法形式的加工。

2. 假设检验功能。这一功能指的是语言输出能够对目标语言的结构和语义进行假设和检验。第二语言学习被认为是一个不断对目标语言做出假设、检验和修改的过程，因此，假设检验环节能极大地促进语言学习。输出为学习者提供了检验假设的机会，在实际语言使用中，学习者可以通过口头或书面表达来验证自己学到的语言形式和结构是否正确，从而提高语言输出的准确性。

3. 元语言功能。这里的元语言指的是学习者关于语言的知识（如语言形式、结构等）的综合。斯温纳强调，当学习者反思自己的目标语言用法时，输出起着元语言功能。研究表明，语言表达和用语言反思对第二语言习得过程有着积极作用。例如，当学习者用英语表达意思时，他们不得不调用已学过的英语知识，包括语法规则、词语搭配、词句的使用是否准确得体等，这使得英语知识不断得到巩固和内化，从而达到语言习得的目的。

第二节　大学英语教学评估

教学评估是教育过程中不可或缺的一部分，它是确保有效外语教学的重要保障。在大学英语教学中，建立一个全面、客观、科学、准确的课堂教学评估体系对于实现教学目标至关重要，它对英语教学的功能评价和指导作用极为重要。教学评估不仅帮助教师收集教学反馈、改进教学管理、确保教学质量，而且帮助学生调整学习策略、改进学习方法、提升语言能力。教育部在《大学英语课程教学要求》中强调了教学手段和活动的转变，并针对当前大学英语教学评估体系的不足，将科学的教学评估提升到了新的高度。随着大学英语教学改革的深入，旨在培养学生英语实际应用能力的教学目标和以学生为中心的教学模式正在挑战传统的以教师为中心的教学模式。因此，科学的评估体系应当重点考查学生的语言运用能力，而非仅仅是语言知识或事实的识别。《大学英语课程教学要求》明确指出，在完成不同层次的教学要求后，学校可以通过单独命题考试、校际联考、地区联考或全国统一考试来进行终结性评估。无论采取哪种形式，都应充分考核学生实际使用语言进行交际的能力，尤其是听说能力。此外，教学评估还包括对教师的评估，即对教师的教学过程和效果的全面评价。对教师的评估不应仅基于学生的考试成绩，而应综合考虑教师的教学态度、手段、方法、内容、组织能力和教学效果等多个方面。

一、大学英语教学评估的现状

在我国，大学英语教学长期以来存在着重视知识传授而忽视能力培养的现象，教学评估体系也往往将考试视为学习的最终目标，使得考试成了评价的主要方式。这种做法导致了对终结性评价结果的过分依赖，忽视了形成性评价的重要性；过分强调选拔和评价的功能，而忽视了改进和激励的功能；评估手段单一，评估方法很少涉及对学生评价性、创造性思维能力的评价，几乎不涉及情感、态度、学习策略、跨文化交际以及其他智能因素，这些都限制了大学英语教学的进一步发展。

1. 教学目标难以实现

《大学英语课程教学要求》明确指出，大学英语的教学目标是培养学生的英语综合应用能力。然而，单一的考试无法全面考核学生的实际语言应用能力，更不能为外语教学提供客观、准确的评估。这种单一的测试评估方式使得教师和学生更加注重语言知识的学习，而忽视了语言运用能力的培养，导致教学围绕考试转，从而使教学目标难以实现，学生的自主创新能力不强，外语教学无法适应新形势下对人才的需求。

2. 测试评估手段单一

在现行的评估体系中，笔试是最主要的评估方式，无论是高校的期中、期末考试还是全国范围的大学英语四、六级考试，都采用笔试形式。然而，大学英语是一门旨在培养学生英语交际能力的学科，这种能力难以通过单一的纸笔测验来检测。因此，依赖单一的评估方式会导致评估目的和教学培养目标之间的脱节，难以全面真实地反映大学英语教学取得的成绩和存在的问题，评估的尺度难以充分体现，更难对学生的英语学习过程进行检查和调控。

3. 教学和测试相互制约

大学英语教学包含英语语言知识与应用技能、学习策略和跨文化交际等内容，并融合多种教学模式和手段。然而，我国的大学英语教学目前仍停留在单一的、以测试结果为最终目标的教育模式上。

4. 忽略学生的学习过程

将考试作为主要的或唯一的评估手段无法反映学生的动态学习过程，如课堂行为、学习态度、学习习惯、风格及学习策略、自主创新学习能力等，也不能反映学生在学习过程中所取得的进步和体验。这种评估方式在《大学英语课程教学要求》所倡导的“以学生自主学习为特点的多媒体教学”中尤为突出，如无法对学生的课堂和课堂外的学习活动、计算机或网上自学等学习过程进行跟踪观察、评估和监督。这种只注重结果而忽略过程的评估方式会遗漏许多重要信息，因而不能对外语教学做出全面的、客观的、科学的评价。

随着教学改革的深入，大学英语教学评估体系需要适应新的教学和评估理念的要求，转变评价观念，明确评价目的和内容，灵活运用多样化的评价方法，突出评价方式的质性，强调评价情景的真实性，关注评价条件的支持性，注重评价进程的动态性。

二、大学英语教学评估的内容与标准

（一）评估的内容

大学英语教学的评估内容应由培养目标来确定，即致力于培养学生的英语综合应用能力，尤其是听说能力，以便他们在未来的工作和社交场合中能够有效地进行口头和书面交流。同时，还需增强学生的自主学习能力，提升他们的综合文化素养，以满足我国经济发展和国际交流的需求。基于此，大学英语评估体系应从以下三个方面对学生进行评价：首先是语言综合运用能力，这包括听、说、读、写、译五种基本技能，每一种技能又可以细分为多种微技能。其次是学习方法和策略的掌握情况，重点评估学生的观察能力、提问能力、做出猜想和假设的能力、信息收集和处理能力、合作与交流能力等。在评价过程中，应将形成性评价与终结性评价有机结合，客观记录学生参与的活动、投入程度、活动中的表现和进步等情况，对学生的学习途径和方法进行综合比较，然后得出评价结论。最后是适应英语学习的社会情感养成情况，对情感态度的评价不能像知识和技能那样直接进行，而应通过观察学生学习的表现来间接推断和衡量。

（二）评估的标准

为了确保评估的公正性和公平性，评估标准必须明确。Genesee 和 Upshur 提出，课堂评估应考虑效度、信度、可行性、积极的反拨作用等标准。评估的效度是指评价在多大程度上涵盖了要评价的内容，包括结构效度（语言评估的理论基础）、内容效度（评估抽样的充分性和代表性）、标准关联效度（与其他评估形式的一致性）和表面效度（外行对评估形式的印象）。影响效度的因素有很多，如理论的不正确、评估抽样的不足、评估形式设计的不合理等。效度是一个需要通过外部独立标准检验的实证问题，如通过比较学生成绩与教师评价的一致性、长期观察学生的语言能力来推断评估的效度等。评价的信度是指评价结果的一致性程度，包括评价本身的信度、学生在不同情况下的表现及评分信度。评价形式的特点（如评价时间、题目难易度、区分度、猜测因素等）和评分的波动（如评分员之间的差异、每个评分员自身前后评分的差异等）都会影响信度。为了提高信度，Genesee 和 Upshur 建议使用多种评价方法、在多个场合下进行评价、提供清楚明了的评价说明、由有经验且受过培训的评分员进行评分，并采用多人独立评分等。除了信度和效度，可行性也是评估的一个重要因素。评估形式必须在人力、物力、时间等允许的范围内才具有可行性，如是否有足够的时间和资金来收集和分析评价所需的信息材料、评价方式是否为学生、家长和社会所接受等。同时，还需注意评估方式对教学的反拨作用，尤其是对于大规模、标准化考试，评价对教学的影响尤为重要。

三、大学英语教学评估的方法

评估方法的选择应当依据评估内容的需求，考虑到评估内容和标准的多元性和综合性，相应的评估工具和方法应当注重多样化和科学化，特别是要强调形成性评价的重要性。只有将形成性评价与终结性评价、定性评价与定量评价有机结合，才能全面且有效地描绘学生的学习状况，充分实现大学英语评估体系对教学的服务功能。

（一）档案袋评估法

建立学生学习档案是形成性评价的一种重要方法，学生在教师的指导下编制档案袋。在确定档案袋内容时，学生是积极参与者和决策者，而教师则扮演指导者和激励者的角色。档案袋评估法将课程、教学与评价紧密结合，融入日常教学活动中。根据不同阶段和使用目的，学生可以选择不同的档案内容。通常有两种形式：一是课堂记录卡，学生将课堂学习的重要资料收录在档案中，通过课堂记录卡形式客观地记录下课堂中的表现，了解自己的学习方式。课堂记录卡一般由学生自行填写，并注明具体时间，及时存入档案袋。二是个人作品档案袋，学生将在学习过程中的探究、实践活动中获得的收获、体会和成果收集到个人作品档案袋中，帮助师生了解一段时间内的学习成果。个人作品档案袋通常以一个学期为限，评价时根据评价目的和内容灵活选择评价者。

与标准化考试相比，档案袋能包含更丰富的信息，如批判性、创造性思维及问题解决过程；口头交流技能，如参与讨论、小组报告；学习活动中的人际交往技能等。因此，在评定学习过程时，档案袋显示出连续性和民主性，提供了学生学习进步的证据。当数字评价不能公正反映学生的学习结果时，档案袋可作为一种评定工具。然而，档案袋评估法也有其局限性，如在评价档案袋编制质量时，标准难以确定，客观性和公正性难以保证。因此，我们认为档案袋评定不宜单独使用，而应与标准化考试等其他评价形式结合使用。

（二）观察法

观察法涉及有目的、有计划地观察学生在日常学习中的行为并记录下来，以此对学生的学习状况进行全面的评价。这种方法是形成性评估的一种关键形式，特别适用于课堂评估。观察法包括自然观察、选择观察和实验观察等几种类型。记录观察的方法也多样，如可以设计观察表格，常用的观察表格包括学生个人使用的自我检查表和班级整体的记录表。观察的项目可以预先设定在表格中，也可以根据需要随时调整。这些表格可以与学生档案一起使用，让学生随时了解自己的进步和需要评估的内容。

Genesee 和 Upshur 以问题的形式提出了设计课堂观察时需要考虑的七个要点：（1）观察的目的是什么？（2）观察哪些教学方面可以实现这个目的？（3）是观察单个学生、一组学生还是整个班级？（4）是在日常教学活动中进行观察还是针对特定的某个活动？（5）是一次性观察还是重复观察？（6）是否将观察与学生的其他课程和课外学习相结合？（7）如何记录观察结果？大学英语教师在利用观察法进行教学评估时，可以参考这些注意事项，有计划、有目的地进行观察，以实现对教学的准确和公正评价。

（三）学生自我评价法

教育界逐渐认识到培养学生自主学习能力的重要性，自主性应成为每个学习者和教师的追求。自主学习者应承担的学习责任之一是在实际学习过程中而非仅仅在语言测试中检测和监控自己的学习状况，即进行自我评价。《大学英语课程教学要求》也强调，高校应充分利用现代信息技术，采用基于计算机和课堂的英语教学模式，改变传统的以教师讲授为主的教学模式。新的教学模式应以现代信息技术，特别是网络技术为支撑，使英语教学在一定程度上不受时间和地点的限制，朝向个性化和自主学习方向发展。新模式应结合英语教学的实用性、知识性和趣味性，调动教师和学生的积极性，特别是要凸显学生在教学过程中的主体地位和教师在教学过程中的主导作用。因此，在大学英语教学评估体系中，学生自我评价应被视为学习过程的一个重要组成部分，引导学生采用多种方法记录自己的进步、成果和不足。

这种自我评价有助于学生了解学习目标并自我调节学习进程，从而增强学习的信心和责任感。自我评估的内容可以包括学习过程和方法、学习态度、努力程度、学习结果以及学习中的优势和不足等。教师可以根据评估的目的设计自我评估表，引导学生进行自我评价。需要注意的是，在当前教学条件下，自我评价仍有限制。学生的自我评价能力是一个逐步发展的过程，在这个过程中教师的引导作用至关重要。同时，自我评价应与其他评估形式结合使用，以使评估结果更加有效。

（四）学期和学年报告法

学期和学年报告法是对学生在特定学期或学年的学习成果进行终结性评估的方法。这种方法应当摒弃仅依赖考试分数的传统评价方式，而是将过程性评价与考试相结合，编制一份全面的评价报告。过程性评价旨在追踪学生的学习进展和成长过程，而不是给出一个终结性的评分，因此不应简单地将过程评价结果转化为分数加到考试成绩中。教师应通过分析过程评价，客观地描述学生在学习过程中的成就、优点和不足，编制一份分析报告，全面反映学生的学习过程和各项发展，并给出相应的等级评价，与考试成绩共同构成学生大学英语学习的终结性评价。

（五）语言测试

在我们强调采用多样化评估方法的同时，也应当认识到以测试为主要形式的终结性评价的重要性。与其他评估方式相比，测试具有高效、便捷的特点，量化的考试成绩便于学生之间的横向比较，为教学提供实用的信息。课堂测验是教学中常用的评价方式，可以评估教学单元、学期或学年的教学目标实现情况。测验应结合知识和能力的考查，注重试题的真实性和情境性，以培养学生的英语领悟能力、解释能力和创造力；同时强调解题过程，减少客观题，增加主观题和开放性试题，注重解题过程和结果的结合。此外，大学英语教学考试应实现标准化，即使用现代教育技术对学生的英语能力进行测量，并符合严格规范的规模化考试。标准化语言测试旨在提供公认的客观标准，通过抽样检查学生的语言运用来确定其实际语言能力。标准化考试通常是跨地区甚至跨国界的大规模考试，如我国非英语专业的大学英语四、六级考试。为了更好地服务于大学英语教学，四、六级考试中心对现有考试进行了改进和改革，在保证测试信度的同时，增加了复合式听写和简短问题回答等题型，增加了主观题的比重，对教学产生了积极的反拨作用。

第三节　大学英语教学改革与发展

近期，关于大学英语教学改革方向的讨论主要集中在一个核心问题上：大学英语课程究竟应以通用英语还是专门用途英语为主要发展方向。文秋芳针对这一问题总结了三种不同的观点：一是坚定支持以专门用途英语为主的观点（以蔡基刚为代表），二是坚持通用英语为主的观点（以王守仁、胡开宝为代表），三是主张通用英语和专门用途英语应相互补充、共同发展的观点（以文秋芳为代表）。2016 年，教育部发布的《大学英语教学指南》（以下简称《指南》）中明确提到：“在提升学生通用语言能力的同时，大学英语教学应更加重视学术英语或职业英语交流能力以及跨文化交际能力的培养，以便让学生能够在日常生活、专业学习和职业工作等不同情境中有效地使用英语进行交流。”这一《指南》的发布传递了一个清晰的改革信号，我国近 30 年来以培养通用英语能力为主要目标的大学英语教学模式将逐步转向一个更加平衡的教学模式，即通用英语和专门用途英语并重。

一、《指南》与大学英语教学改革

2016 年的《外语界》第三期中，南京大学的王守仁教授发表了《〈大学英语教学指南〉要点解读》一文，详细阐述了大学英语课程的价值、教学目标、课程体系、教学评价、教学方法和手段、教师发展等方面的内容。作为全国大学英语教学指导委员会的主任委员，王守仁教授对《大学英语教学指南》（简称《指南》）的解读具有权威性。他重点解读的《指南》中的新观点和改革建议包括以下几点：

在教学目标方面，《指南》不再像 2007 年版那样特别强调听说能力，而是转向培养学生的英语应用能力。王守仁教授直接回应了大学英语教师最关心的问题，即通用英语与专门用途英语之间的争论。他认为，英语应用能力应被定义为“在一定语域中使用语言的能力”，并明确指出“个人和社会语域中使用的英语为通用英语，而学术和职业语域中使用的英语为专门用途英语”。他强调，“通用英语和专门用途英语都是为了培养学生的语言应用能力，两者之间并非基础与应用的关系”。虽然王守仁教授并未直接回答通用英语和专门用途英语在大学英语教学中的比重问题，但他将两者都视为语言应用能力的体现，实际上已经清晰地表达了他的立场：两者同等重要。因此，我们不应再陷入无谓的争论，而应专注于探讨如何改革大学英语教学。

关于大学英语课程体系，《指南》明确指出，大学英语教学应涵盖通用英语、专门用途英语和跨文化交际三个主要部分，并据此形成三大类课程。课程结构包括必修课、限定选修课和任意选修课。同时，建议各高校根据自身类型、层次、生源、办学定位和人才培养目标等因素，合理安排教学内容和课时，构建具有学校特色、动态开放、科学合理的大学英语课程体系。《指南》清楚地指出，经过近 30 年的发展，大多数高校的大学英语课程亟须改革，方向是摒弃以往以通用英语为主的课程体系，转而开设反映学校特色、满足不同专业需求的个性化课程。此外，王守仁强调了跨文化交际课程的重要性，提醒我们专门用途英语不仅注重语言的工具性，还应该兼顾语言的人文性。

随着《指南》对大学英语课程体系提出重大调整的要求，评价模式也需相应调整。对于社会高度关注的大学英语四、六级考试，《指南》提出要建立“形成性评价和终结性评价”相结合的评价模式，从传统的“对学习的测试”转变为“促进学习的测试”。与此目标相关的语言测试改革应多方面进行：首先，结合多种测试方式，如闭卷与开卷、笔试与口试、模拟情境测试与实际工作环境测试等；其次，改变测试的时间节点，从一次性考试转向日常或经常性的过程性测试；再次，测试组织者应多元化，包括教师、同伴、潜在用人单位、学术团体等；最后，重视测试的反拨效用，通过对测试结果进行多维度分析，评估大学英语课程教学的质量，并提出改进的方法和途径。《指南》并未直接回应教师高度关注的全国统考（大学英语四、六级考试）问题，而是提出了共同基础测试考核与“中国英语能力等级量表”对接的理念。

《指南》针对大学英语教学方法与手段的改革提出了指导性建议，强调在教育信息化进程中，大学英语教学手段的现代化应以提高“教与学效果”为首要目标。这一观点看似平常，实则内涵丰富：在互联网时代，尽管“微课”“慕课”“翻转课堂”等新型教学手段受到关注，但它们在大学英语教学中的应用及其是否能够取代传统教学模式，仍需外语教师和应用语言学者深入研究，而非盲目追随潮流。在自媒体盛行的互联网时代，我们可能会不断遭遇新概念和技术的冲击，但保持冷静，以教学效果为衡量改革方向的标准，不仅是一种理性的人文精神，也是知识分子应尽的责任和良心。

在制定《指南》的过程中，高等学校大学外语教学指导委员会的专家们已经意识到新《指南》所倡导的改革幅度巨大，对大学英语教师提出了“三个主动适应”的要求，即适应高等教育发展的新形势、适应大学英语课程体系的新要求、适应信息化环境下教学发展的需求。王守仁在解读《指南》时，更多地强调了教师适应“互联网 +”时代，掌握信息技术，积极参与教学研究和改革的重要性，而对于专门用途英语和跨文化交际课程的教学任务并未详尽阐述。笔者认为，这两类课程的开设将对大学英语教师产生重大影响，并可能是他们最难适应的挑战：首先，从学分控制角度看，新课程的开设可能导致通用英语课程数量减少，已有多所 985 或 211 工程学校将大学英语学分缩减一半以上，教师工作量已不再饱和。若全国高校都按照《指南》推行改革，教师工作量不足将变得普遍。其次，专门用途英语课程要求专业化，与不同学科紧密相关，而现有大学英语教师多为英语语言文学专业毕业生，可能难以适应理工农医等领域的专门用途英语。最后，跨文化交际课程看似适合现有教师，但实际上难以实施，因为文化概念广泛，涉及社会生活的各个方面，编写针对性教材困难，且文化交流与意识形态关联度高。教师是否能够正确引导学生理解文化差异，确保政治正确，是需要管理者充分考虑的。此外，多数大学英语教师缺乏海外留学经历，对外国文化的理解和解读主要基于书本知识，权威性不足，加上世界文化的多样性和复杂性，使得跨文化交际课程的内涵可能显得空洞，其对学生的实际益处以及作为选修课的吸引力都有待实践检验。

二、关于大学英语教学改革的各家呼声

从政策层面来看，《指南》是新一届高等学校大学外语教学指导委员会专家团队响应教育部制定本科人才培养质量国家标准的号召，经过在全国范

围内的广泛调研、多次讨论和精心编制，出台的具有明显时代特征的纲领性文件。从学术层面来看，《指南》整合了学界对大学英语课程定位、功能及改革等方面的观点，考虑到中国高校在生源、资源和师资等方面的多样性，借鉴功能语言学的语域、语境和社会文化等理论，对课程内涵、体系、教学内容和目标进行了界定，其中特别强调了将专门用途英语纳入大学英语教学内容，这一立场是明确且坚定的。

通过在知网上以“专门用途英语”和“大学英语教学指南（2016）”为关键词进行搜索，可以发现大部分批评意见集中在“专门用途英语”的概念上，而跨文化交际英语课程则获得了学界的普遍认同。在批评专门用途英语的学者中，赵亮、杨枫和孙凌的观点较为突出，其中赵亮的批评更为激进，而杨枫和孙凌则较为客观。赵亮的批评主要集中以下几点：首先，中国高校大学生的英语能力水平存在较大差异，即使在重点大学，也有许多新生未达到高中基础英语的最低标准，因此需要在大学接受较长时间的基础英语教学才能通过四级考试，这也是全英文授课课程在中国高校中较少的原因之一。其次，专门用途英语的概念界定尚不明确，其内部也存在不同层次，且都需要建立在至少中等程度的通用英语能力之上。最后，通用英语教学不仅是为了通过四级考试，还在大学教育的多个层面发挥着作用，尤其是有助于培养学生的国际视野。总体而言，赵亮认为我国高校的大学英语课程不应仅定位为专门用途英语，因为“并非所有大学生都需要或可能发展出专业学术英语能力”。

杨枫和孙凌从实施角度对专门用途英语教学提出了疑问和建议。他们认为，专门用途英语（ESP）与传统大学公共英语只有部分重叠，需要从国家层面或至少高校管理层来解决，而不应仅由外语学院或大学英语教学部门承担 ESP 的必修课程。国家应从语言战略高度统一规划 ESP，警惕英语可能带来的文化侵略。此外，ESP 的课程开发、教材编写、教学资源库建设及师资培养等方面需深入研究，ESP 教学目前还不能完全取代通用英语教学。总的来说，杨枫和孙凌认为，专门用途英语不应成为中国大多数院校的主流英语课程，也不应提倡“双语教学”（实际上是用英语讲授专业课程），更不应将大学英语教师调配到其他学科。

赵亮、杨枫和孙凌批评的专门用途英语论的代表人物是蔡基刚教授，他对国内学者的质疑和批评做出了以下回应：第一，通用英语和专门用途英语在教学目标、内容和方法上存在本质差异，前者以学习语言为目标，依据第二语言习得理论设计课程；后者以语言应用为目标，根据专业需求和未来职场情境设计大纲。通用英语教学有助于学生打好语言基础，但不能取代专门用途英语在培养学术素养、学术技能和学术规范方面的作用。第二，观点“必须打好语言基础才能进入学术英语学习”并未得到二语习得理论和实践的支持；在大学阶段坚持通用英语教学虽能提升学生英语水平，但实质上是应试教育，脱离了语言应用。第三，应明确专门用途英语与专业英语的概念。专门用途英语仍属于语言学习范畴，基本课程包括听说读写，重点培养口语和书面语交际能力，应由大学英语教师教授；专业英语是用英语学习专业知识，多由专业教师承担，教育部倡导的双语教学课程多属此类。第四，ESP 特别是学术英语应被视为高校通识教育的重要组成部分，且学术英语的教学对象不仅限于普通大学生，还应包括培养应用型人才的高职高专学生。第五，大学英语不是一门独立专业或学科，而是一门专业配套课程，教学内容不应仅限于英美文学或文化，因此学术英语课程必须是每个大学生的必修核心课程。

三、关于大学英语教学改革的几点思考

第一，自改革开放初期，我国著名教育家、语言学家许国璋就主张外语教育应服务于国家战略，强调外语教学的目的不仅是掌握语言，还要吸收国外的优秀科学文化。针对当时高校英语专业人才培养只注重语言技能、忽视文化和专业知识的现象，许国璋提出了“我们不曾听见培养出英国通、美国通、法国通，也没有听说有什么国际法专家、海事法专家、保险法专家，只听见培养出翻译干部”的质疑，指出了这种外语学科模式的局限性。许国璋认为，外语专业人才培养应以外语为工具，以学习专业为目标。这一观点对于外语专业的要求同样适用于大学英语教学，他明确主张应以专业英语为主。

第二，在20世纪70—80年代中期，大多数高校的大学英语教学以专业英语为主，课程由专业教师承担，课时数和重视程度相对较低。当时，由于高考英语科目占比较低（30%~70%），新生入学时的英语基础普遍较差，甚至有零基础的情况。教育部从1986年开始筹备，1987年正式实施大学英语四级和六级考试，无形中提高了四级或六级考试的通过率作为衡量各校教学质量的指标，这也促使各高校大幅提高大学英语学分总数（一般为16分），通用英语教学因此成为大学英语课程的首选。换言之，通用英语教学成为大学英语课程的主流是适应了当时我国英语教学的实际需求的。然而，在接下来的约30年里，随着我国改革开放的深入，外语（尤其是英语）的重要性已为大多数人所认识，高校新生入学时的英语水平已经很高（许多学生已经达到大学英语四级水平）。同时，中国的经济发展、综合实力、民族文化意识等都发生了重大变化，一方面出现了对过度重视英语学习的质疑，另一方面也出现了对强化英语应用能力培养的呼声。笔者认为，无论通用英语和专门用途英语是否能够相互替代，或者谁应成为大学英语课程的主流，延续30年的纯通用英语教学现状必须改变，而且已经在许多高校发生了变化。例如，跨文化交际英语、学术英语等选修课程在许多大学开设，实际上已经打破了通用英语的垄断地位。如果大学英语教师不迅速转变观念，将不可避免地被改革发展的浪潮所淘汰。

第三，国内学者关于通用英语和专门用途英语的争论可能是对交际教学法理论的误解所导致的。交际教学法理论自20世纪70年代提出以来，由海姆斯、威多森和韩礼德等学者代表，他们质疑乔姆斯基的语言习得机制假设，认为掌握语言系统的知识并不等同于掌握语言运用技能，后者只是潜在能力。海姆斯提出交际能力概念，从语言表达的可能性、可行性、语境中的合适性及实际使用情况等多个方面描述说话人使用语言进行交际的情形。韩礼德则从社会文化角度出发，将语言视为一个社会意义系统，强调语言除了概念功能外，还是建立和维护社会关系的工具。交际教学法理论并不排斥传统的语法和词汇教学，而是主张在实际语言使用中教学，理想的测试方式是检测受试者在实际工作中运用语言完成任务的能力。然而，我国外语学界在推广交际教学法时，可能过于片面地将交际能力理解为听说能力，尤其是口语交际能力，导致一些学生（包括英语专业毕业生）虽然口语流利，但写作能力较弱，无法满足学术论文或应用文的基本要求。

重新审视通用英语和专门用途英语之争，如果我们在真实语言环境中学习语言是交际教学法的核心，那么选择与学生专业相关的语料、未来工作环境的交际场景和不同工作要求作为教学内容和目标，应当能够实现交际教学法的理想目标。也就是说，通用英语和专门用途英语的区分并不必要，因为专门用途英语课程本身就包含了通用英语的内容。

第四，关于必须打好英语基础才能学习学术英语的观点，不仅没有得到二语习得理论和实践的证实，而且缺乏语言学理论的支持。虽然学术英语语篇难度高，但缺乏扎实的语言基础并不是学不会的原因。系统功能语言学对此已有深入研究，如韩礼德指出，法律、科技、贸易、行政管理等正式语篇的共同特征是语法简单、词汇丰富。因此，学术语篇的难点在于词汇，特别是专业词汇。由于通用英语很少涉及专业词汇，而语法问题在我国高中阶段已基本解决，继续在大学英语教学中打基础可能是在浪费时间，而且由于课程内容与专业内容脱节，使用机会少，学生兴趣不高，容易遗忘，这可能是大学英语教学效果不佳的主要原因。

第五，尽管交际教学法的理念已得到大多数大学英语教师的认可，但在实际教学中并未真正贯彻。例如，教师在课堂上讲授的多为语法或词汇知识，考试也主要检测语法或用词准确性，很少关注交际的适当性和效果。造成这种局面的原因是直接的：语法和词汇教学容易入手，而交际涵盖的内容太多，难以把握。专门用途英语或学术英语教学可能在一定程度上解决这个难题，但广大英语教师可能会感到困惑。

四、大学英语教学改革与发展方向

经过分析我们可以看出，所谓的通用英语与专门用途英语之争其实是一个没有必要的假议题。通用英语和专门用途英语的教学文本都源自真实的交流场景，学习这两种英语都能增强学生的交际技巧，只是在教学内容和教学目标上有所不同。通用英语着重于日常生活中使用的语言，旨在让学生达到语法准确、表达流畅、用词得当的目标；而专门用途英语则更注重学术规范，以实现学术交流为目的。

鉴于我国英语教学水平的整体提高，《指南》对本科院校的大学英语教学提出了更高的要求，即既要重视通用英语也要重视专门用途英语。各高校应在正确理解《指南》的宗旨下，实施相应的大学英语教学改革，推进大学英语课程的发展。至少，我们可以从以下方面开始着手进行改革：

第一，大学英语课程的教学目标应当围绕培养学生的综合素质和应用能力来设定。这意味着英语课程不仅要培养学生的国际视野和英语交际能力，还应当服务于他们的专业学习和未来发展。因此，仅仅侧重于通用英语的教学已不再符合时代的需求。相反，课程应当旨在提升学生阅读外文文献、撰写学术论文、参与学术会议讨论等能力。大学英语四、六级考试证书不应当成为教学的主要目标。

第二，我国大学生的英语水平存在差异是一个客观事实。2007 年的《大学英语课程教学要求》提出了根据学生实际水平设定不同层次课程要求的理念，这一理念至今仍然适用。然而，承认课程要求的层次性并不意味着只能在英语水平较高的学生中开展专门用途英语教学，而让水平较低的学生继续以通过四级英语考试为目标。正确的做法是依据应用语言学的科研成果，实施分层次、项目驱动的教学活动，以提升所有学生的通用英语和专门用途英语水平。这两者并非相互排斥，而是相辅相成的关系。

第三，传统的以综合英语、快速阅读、语法、听力为主的通用英语课程体系已不再符合教学改革的要求。在构建课程体系时，院校应当遵循基础英语与专门用途英语、跨文化交际相结合的原则，同时结合必修与选修、输入与输出类课程，开设多样化的大学英语课程。此外，院校还应当根据专业需求开发具有特色的专业英语课程，如医学英语、IT 英语、法律英语等。这些努力都是对大学英语课程的拓展和发展，有助于促进英语教学与专业教学和建设的深度融合。

第四，大学英语教学改革对大学英语教师的挑战是巨大的，大学英语教学改革已不是英语教师个人的事情，其涉及的问题应该由高校决策层做出系统的调研和规划。譬如，从交际教学法的角度看，通过开展双语教学即用英语讲授专业知识应该能够提高学生的英语整体水平，但是专业教师因没有接受过外语教材教法的专业训练而无法胜任，英语教师又因不了解专业知识而难以胜任。这就需要学校统筹规划师资发展问题，提升大学英语教师的专业水平，使之适应专门用途英语乃至专业英语教学。此外，大学英语教师应该主动适应改革要求，加强继续教育，重新确立个人发展方向，当然其中的转化过程必然是曲折和艰难的。

第五，大学英语教学的最新改革必将深刻地影响我国高等教育机构中普遍设立的英语专业教学。仅专注于语言文学或翻译的课程设置已不再适应经济社会的发展需求。事实上，英语专业在最近几年的就业市场中持续处于预警状态，这已经为我们敲响了警钟。因此，对英语专业进行改革，让学生在学习英语的同时，还能够掌握其他专业技能，无疑是教育改革的重要方向。这样的改革也将为未来专门用途英语的教学提供强大的师资支持。

第二章　高校英语教学模式

在英语教学的长期实践中，通过不断的尝试和总结，人们逐渐形成了一系列有效的教学模式。这些模式不仅为英语教学和研究提供了坚实的基础，而且促进了教学方法的创新和发展。在实施英语教学时，我们采用了多种经过验证的教学模式，并在实际教学中加以应用。通过这些实践，我们认识到英语课堂教学应该根据学生的具体情况，灵活运用多种教学方法和手段来传授知识，同时重视培养学生的能力，以提升英语教学的整体质量。在近年的教学实践中，我们逐渐摒弃了传统的单一讲授法，转而采用了探究式、多元智能、参与式和内容型等多种教学模式，这些多样化的教学方法在英语知识的传授上取得了显著成效。

第一节　探究式教学模式

一、探究式教学的内涵

探究式教学，亦称为发现法或研究法，是一种教学方法，学生在学习概念和原理时，教师提供一些实例和问题，鼓励学生通过阅读、观察、实验、思考、讨论和听讲等方式自主探究，自行发现并掌握相应的原理和结论。这种方法的核心理念是在教师的指导下，以学生为中心，鼓励学生主动探索，掌握认识和解决问题的方法和步骤，研究客观事物的特性，发现事物发展的原因和内部联系，从中提炼规律，形成自己的概念。在探究式教学中，学生的主体性和自主能力得到加强。探究式教学是一种以探究为核心的教学活动，它包含两个层面：一是探究的本质，二是探究式教学的概念。

在国际科学教育改革的趋势中，探究是一个高频出现的词汇。英文单词

“inquiry”源自拉丁文的“inquere”，意为“在其中”和“寻找”。根据《牛津英语词典》的解释，探究是寻求知识或信息，特别是追求真理的活动，涉及搜寻、研究、调查和检验，以及提问和质疑。探究的本质是探讨和研究，即追求学问、真理和根源；研究则是讨论问题、追根溯源和多方面寻求答案，以解决疑问。探究式学习模仿科学研究过程，通过体验、理解和应用科学研究方法来获得科学研究能力。美国国家研究理事会2000年的报告指出，探究式学习包括提出问题、收集数据、形成解释、评价结果和表达结果等五个方面的活动。

探究式学习是一种积极的学习过程，学生通过自主参与来获取知识，它鼓励学生自己思考如何去做，甚至做什么，而不是被动接受教师的现成结论。因此，探究式学习不仅是一种学习方式，也是教育教学的目标之一。

探究式教学要求教师在理论指导下实践，并在实践基础上总结新理论，推动教学不断发展。它涉及教师引导学生深入探讨学习内容或对问题进行多方面研究，以寻找答案和解决问题的过程和方法。探究式教学的实施旨在让学生以自主、能动的方式在学习过程中掌握知识，获得能力，学习科学方法，培养科学态度和精神。

因此，探究教学的本质是按照科学结论的提出和检验的结构方式来揭示科学结论，即向学生展示所提出的观念和进行的实验，解释由此得到的资料，并阐明如何将这些资料转化为科学知识的解释。

二、探究式教学的意义

（一）探究式教学与教学改革的实际需求相契合，能够满足改革者的心理预期

当前，我国教学改革的目标主要集中三个方面：首先，摒弃那些限制学生发展的传统教学方法；其次，遵循现代教育以学生为本的理念，为学生提供广阔的发展空间；最后，基于教材提供的基础知识，将培养学生的创新精神和实践能力作为教学的核心。只有实现这三个目标，改革才能真正取得成

效。改革本质上是对新的教学途径和方法的不断探索。实践证明，探究式教学完全符合改革者的实际需求。

（二）探究式教学赋予班级教学更多活力和效率

班级授课制度有其优点和缺点。在科技不发达的时代，班级授课的利大于弊；然而，在远程教育和网络教育盛行的今天，其弊大于利。因为它可能抑制学生的个性发展，难以实现因材施教。采用探究式教学，首先是要大幅减少教师的讲授时间；其次是要充分满足学生自主发展的需求；最后是要尽可能地让学生在“活动”中学习，在“主动”中成长，在“合作”中积累知识，在“探究”中创新。

（三）探究式教学有助于打破“自我中心”，促进教师在探究中实现“自我发展”

课堂教学改革的难点在很大程度上在于教师。这主要是因为教师长期遵循传统教学方法的惯性。显而易见，用现代教育理念取代和克服传统教育观念是一项艰巨的任务。教师要改变自己，就必须在探究实践中学习，总结自己的经验，学习他人的经验，包括向学生学习。通过探究式教学，教师的角色将发生显著转变——从过去的“台前”走到现在的“幕后”，成为一个“导演”。教师需要布置适当的场景，激发学生的学习兴趣，使观众变成实际的参与者。

三、探究式的教学模式

（一）自主探究教学

自主探究教学旨在引导学生自主学习，激发学生自觉投入学习过程，独立思考，主动构建知识体系的教学模式。

1. 自主探究教学的核心特点

在这种教学模式中，教师和学生共同成为教学的主体，建立起一种主体性和民主性的师生关系。教学过程强调开放性和研发性，注重发挥学生的主体意识，培养学生的创造力和创新意识，同时重视教师的引导和启发作用，鼓励学生自主、能动地进行探究和发现。此外，教学还提倡学生的参与性和适度的合作探究，要求问题设计合理，教学有效，并鼓励多维互动和教学方法的多样性。

2. 自主探究教学的实施策略

教师需要明确学习目标，认识到预习的重要性，并制定相应的预习提纲和方法，确保教学的整体性、生活性和开放性。探究活动应涵盖个人独立探究、同伴互助探究、小组合作探究和全班共同探究等多个层面，教师需考虑如何监督学生活动、合理分组以及如何指导学生。教师还应通过分层运用、内外运用和反馈等策略，指导学生实现知识的迁移和应用。教学中，教师要尊重学生的主体性，促进全体学生的参与，给予学生自主探究的权利，让教学过程主要由学生自主完成。教师的角色是学生学习的促进者、参与者、指导者和引导者，需要与学生共同学习、共同探讨。

3. 自主探究教学可能遇到的问题及解决办法

教学中可能会出现形式化、缺乏教师适当指导、无法完成探究任务等问题。为解决这些问题，教师应根据教学需要和学生的实际情况进行适时引导，充分信任学生，促进学生主动参与，激发学生的积极性。教师还需关注探究内容的适度性、可操作性和趣味性，提前发放“导学学案”，让学生预习和寻找资料。同时，教师应更新观念，给予学生更多自由支配的时间，并及时介入学生的探究活动，提供必要的指导，确保课后探究的延伸和深入。

（二）合作探究教学

合作探究教学是在教师的引导下，学生按照不同能力水平组成 4~6 人的小组，在积极互助的氛围中，为实现共同目标而进行分工合作、相互帮助和指导，并以小组的成就作为评价标准，从而促进个人发展的教学模式。

1. 合作探究教学的关键要素

学生需要意识到他们不仅要对自己的学习负责，还要对小组其他成员的学习负责，在探究过程中积极提供帮助。每个小组成员都要承担个人责任，认真完成自己的任务。小组的构成应保证成员间能力互补，各具特色，以实现优势互补。学生的社交技能既是合作探究的成果，也是其前提条件。小组自评或集体反思有助于保证小组的持续发展和进步。

2. 合作探究教学的实施策略

合作设计应合理，以合作和互动为特色。提前设定目标，为评价提供依据。通过自学和小组互助，促进集体成果的积累。结合自评和他评。合作探究教学可能出现的问题及解决方法问题设置过于简单，导致合作探究变得形式化，失去了真正意义。重视探究而忽略总结。只关注优秀生，忽视后进生。为解决这些问题，教师提出的问题应紧密围绕课堂教学的重点和难点，具有启发性，并能激发学生合作学习的兴趣。教师应引导学生对答案进行总结，使讨论的答案得到统一。同时，教师应特别关注学生的心理辅导，帮助他们建立信心，并提供层次性的问题，使后进生也能参与并感到胜任，强调整体进步，营造优秀生主动帮助后进生的氛围。在合作探究的评价中，教师应对不同发展水平的学生有不同的要求，关注每一位学生，特别是后进生。

（三）情境探究教学

情境探究教学是指在教学中，教师有意识地引入或创造带有情感色彩的、以形象为主体的生动具体场景，以此激发学生的情感体验，帮助学生理解教材内容，并促进学生的心理发展。

1. 情境探究教学的基本原则

意识与智力统一原则：教学中既要注重培养学生的集中思维和钻研精神，也要利用情感、兴趣、愿望、动机和无意识潜能等智力活动的促进作用。

轻松愉快原则：在轻松愉快的氛围中引导学生提出问题，展开思维和想象，寻求答案，辨识正误。

自主性原则：强调良好的师生关系和学生在教学中的主体地位。

2. 情境探究教学的实施策略

利用实验创造情境，帮助学生将新知识与已知事物联系起来，构建知识体系。

利用新旧知识的关系和矛盾创造情境，激发学生的学习欲望，形成积极的认知和情感氛围。

利用生活实例创造情境，让学生有真实感受，引起探究兴趣，激发求知欲望。

使用实物、图画、表演、语言、故事等方式展现和创造情境。

3. 情境探究教学可能出现的问题及解决方法

容易产生“花盆效应”：学生在人为创设的典型性场景中学习能力发展顺利，但脱离情境后可能表现出不适应。

过分强调情境功效，忽视课程的整体性、意会性和模糊性，可能导致教学过于雕琢，出现“作秀”现象。

情境教学对教师素质要求过高，教师需要具备出色的语言表达能力，甚至歌舞、演唱能力。

为解决这些问题，教师必须熟练掌握教材，准确理解学生的心理特点和能力水平，熟悉学生的内心世界，并针对学生的特点，恰当选择和运用科学手段和方法，结合教材创设情境。

第二节 多元智能教学模式

一、多元智能的基本内涵

霍华德·加德纳提出，每个人体内都蕴藏着至少七种不同的智力，这包括：语言智力、逻辑—数学智力、音乐智力、空间智力、身体—运动智力、人际交往智力以及自知智力。这些能力的组合塑造了每个人独特的认知特征。1995年，他进一步补充了自然观察智力和存在智力。此外，还有学者基于内省智力提出了“灵性智力”这一概念。

（一）语言智能

语言智能指的是通过文字进行思考、借助语言来传达想法以及领略语言深邃意涵的技巧。按照加德纳的理论，这种能力在诗人身上体现得尤为显著，表现为他们对文字的熟练驾驭。这种智力包括了对口语和书面语的灵敏度，掌握多种语言的学习能力，以及利用语言达成既定目标的高超技艺。诗人、作家、演讲者、记者、律师以及新闻播报员等职业人群都是这种智能的优秀代表。

（二）逻辑一数学智能

逻辑—数学智能是人能够计算、量化及考虑命题和假设，而且能够进行复杂的数学运算的能力。运用这种智能常常包括以下几个过程：类聚、判别、推理、概括、计算、假设和检验。逻辑学家、科学家、数学家、会计师、工程师、电脑程序设计师等都展现出很强的数学—逻辑智能。

（三）空间智能

空间智能指的是在大脑中构建外部世界空间模型，并利用这种模型进行思考和操作的能力。具备这种智能的人能够以三维空间的方式来进行思考，对颜色、线条、形状、结构和空间关系具有敏感度，以及具备强大的空间思维和定位能力。例如，雕塑家、画家、建筑师和飞行员等职业的人通常都具有高度发达的视觉空间智能。

（四）身体—运动智能

身体—运动智能是个体操作运用其身体或身体的一部分来表达思想、情感或创作的能力，包括个体的协调性、平衡性、技巧性、力度、速度以及身体的感知与触觉能力。这种智能在舞蹈家、运动员、手工艺者、外科医生等人身上表现得尤为突出。

（五）音乐智能

音乐智能包括对旋律和节拍的感觉、区分及创作能力，以及运用音乐来进行表述的技巧。在音乐智能方面有天赋的人通常对各种无声的语言和日常生活中的声音、节奏等极为敏感。这种特殊才能在歌手、指挥、作曲家、乐器制造者、乐手、音调调整专家等职业中尤为突出。

（六）人际智能

人际智能涉及理解他人并能够高效地进行人际交流。这种智能特别体现在观察和洞察他人情绪、动机、目的以及情感波动的能力上。具有高度人际智能的人在政治领域、教育、销售、社会工作等行业中往往取得成功。

（七）内省智能

内省智能是指深入个体的内在心理层面，建立准确的自我认知，并利用这种认知来规划个人生涯的能力。它涉及对自我的精确评估和描述，理解自己内在的情绪、动机、目的和愿望，以及自我意识和自我管理等方面。这种能力在哲学家、神学家、心理学家等职业中尤为显著。

（八）自然观察智能

自然观察智能是指个体在识别和区分自然环境及人造环境方面的能力，以及利用这种识别能力进行生产活动的本领。具备强大自然观察智能的人能够敏锐地察觉不同自然生物种类的微妙区别，并对自然界的各种变化反应敏感。动植物学家、考古学家、猎人、生态学家等职业人士往往展现出这种智能的高度发展。

（九）存在智能

存在智能涉及对生命和宇宙最终状态的深刻思考。这种智能的核心在于能够在广阔无垠的宇宙中为自我找到定位，以及在人类生活的环境中思考与存在相关的问题吗。例如，人为何降临地球，人类出现之前地球的状况如何，人生的生存与死亡有何价值与意义，哲学家、思想家和宗教领袖等都展现了高度发达的存在智能。

二、多元智能的潜在原则

（一）关于智能本身性质的原则

多元智能理论中的智能类型并非固定不变，除了已知的智能之外，还可能存在其他未被发现的智能。实际上，在多元智能理论初期的研究中，加德纳只确认了七种智能，而自然观察智能和存在智能是后来才被识别和加入的。

每种智能都有其独特性，但并非孤立运作，而是与其他智能同时存在，相互补充并协同作用。

每种智能中都包含有多种次级智能（sub-intelligence）。

（二）关于人类智能发展的原则

每个人从出生那一刻起就具备了多种智能的潜力。所有正常人都拥有上述提到的智能类型，但由于遗传、文化背景和环境因素的差异，每个人智能的发展程度和方式都有所不同，且人们通常会以不同的方式整合这些智能。

智能的发展是动态的，不是静态的。智能可以通过强化和扩展，或者通过减少和削弱而发生变化，而文化因素对智能的发展起着至关重要的作用。

每种智能在每个人身上的发展都遵循其特定的发展阶段和顺序。智能的发展至少包括四个阶段：初识阶段、使用阶段、正规教育阶段和接受阶段。智能发展的速度和强度受到个体所处文化环境中众多因素的影响。

智能是可以通过教育和培养得到提升的。尽管每个人天生具有的智能各不相同，但大部分智能是在青春期及以后通过教育和培养逐渐成熟和发展起来的。人们之所以能够卓越地发展并超越出生时的智能水平，关键在于后天的教育和培养。

三、多元智能教学的理论基础

（一）来自理论层面：加德纳的理论

1967 年，美国哈佛大学教育研究生院启动了名为“零点项目”的研究，由知名哲学家戈尔曼领导。该项目旨在探究在学校教育中加强艺术教育，以及如何激发人脑的形象思维能力。接下来的 20 年里，美国对该项目的投资超过了 1 亿美元，参与研究的科学家和教育家超过百人。他们在多所学校进行了实验，有的人从幼儿园开始进行了长达 20 多年的追踪研究，发表了数十本专著和上千篇论文。多元智能理论便是这个项目在 1980 年的一项重要成果。霍华德·加德纳教授在参与该项目的研究中，重新审视了大量先前未联系在一起的研究资料，包括神童、脑损伤患者、具有特殊技能但心智不全的人、正常儿童、成人，以及不同文化背景下的个体研究。通过对这些资料的分析，他提出了自己关于智力的独到见解。基于对人类潜能的多年实验研究，加德纳在 1983 年出版的《智力的结构》一书中，首次详细阐述了他的多元智能理论，并认为智力是由八种相对独立、与特定认知领域或知识范畴相连的智力构成的。他将“智能”定义为“在一种或多种文化背景下解决问题和创造产品的能力”。二十年后，基于大量研究，加德纳进一步精确定义智能为“个体处理信息的生理和心理潜能，这种潜能可以在某种文化背景中被激活以解决问题和创造该文化所珍视的产品”。加德纳认为，智力不是可以通过简单的纸笔测试轻易衡量的，智力总是以组合的形式出现，每个人都不同程度地具备并在各自的社会和文化生活中表现出各种能力。在多元智能理论的论文集中，加德纳进一步解释了他的研究方法，通过想象进入不同文化，识别出每种文化中智能的作用或“终极状态”，即那些在该文化中受到重视且对其生存至关重要的能力。他还设定了一个挑战性的目标：提出一种关于认知的理论，能够更好地解释人类为何能在不同领域表现出胜任能力。

（二）来自实践层面：多元智能的实践研究及成果

加德纳的多元智能理论为教育领域提供了深刻的见解，并催生了许多知名学者和丰富的研究成果。例如，拉齐尔出版了多部关于多元智能理论的著作，包括《获取知识的七种方式》、《教学的七种方法》、《学习的七种途径》和《多元智能评价方法》等。在这些书中，拉齐尔深入研究了多元智能评价策略、智能在课堂内外的发展和迁移等问题。查普曼、贝兰卡和斯瓦茨在《多元智能的多重评价法》一书中，为七种智能提出了一系列评价策略。琳达·坎贝尔在《多元智能教与学的策略——发展每一个孩子的天赋》中，重点研究了五种智能（音乐、视觉空间、身体运动、人际和自我认识）。布鲁斯·坎贝尔在《多元智能手册》中介绍了他的“学习中心”教学法，并讨论了如何发展学生的七种智能。

查普曼在她的著作《如果鞋子合适的话……》中，运用鞋子的比喻来展现多元智能的各自特色，并设计了相应的教学活动。她指出，就像鞋子的款式多样、组合方式各异，并且可以根据个人的偏好和特点相互转换，多元智能也是如此；同时，鞋子所代表的文化环境对其有影响，多元智能也是如此。

四、聚集多元智能的英语教学模式

在当代，培养学生的多元智能已经成为21世纪英语教学的一种趋势。众多学者正致力于探讨如何将多元智能理论与英语课堂教学相结合，以扩展该理论的应用范围。将多元智能理论融入英语课程，开发相应的课程模式和教学计划，是多元智能理论在英语教学中的关键应用方式。例如，可以设计多元化的教学活动，将某个智能作为课程单元的核心，开展与之相关的活动。在“人际交往”课程中，可以安排“组织或参与英语晚会、与同学进行英语对话、与同伴交换检查或批改英语作文”等互动。在教学中，鼓励学生选择适合自己的课程表，运用自己擅长的方式学习；并鼓励他们用多种方式展示自己的才能和所学知识。

另外，可以制定多元化的课程规划表，将智能培养目标融入英语课程或单元教学中，与课堂教学活动相结合。教师需要明确学生应掌握的最有价值的知识，培养哪些智能，并探索适当的教学方法。教案设计应包括课程或单元名称、目标、预期成果、教学资源、学习活动、教学步骤和评价方式。

拉泽尔提出，多元智能理念指导下的教学包括四个阶段：第一阶段是“唤醒智能”，通过感官体验和内心感觉激活各种智能，感性认识世界；第二阶段是“拓展智能”，涉及情感的沟通和体验，通过练习和强化活动培养和扩展智能；第三阶段是“为智能而教，用智能来教”，在教学中传授学习方法和策略，将智力开发与教学重点相结合，帮助学生了解自己的智力水平，发展潜能；第四阶段是“迁移智能”，将智能应用于日常生活，解决真实环境中的问题，使智能成为日常认知、情感和生活的一部分。

第三节　参与式教学模式

一、对“参与”含义的阐释

“参与”意味着加入并参与其中，对事件的发生和发展产生一定的影响。它代表了一种思想观念，强调所有相关人员应参与到决策、规划、执行、监控和评估等相关活动中。同时，“参与”也是一种实践活动，它不仅重视参与者在其过程中的“在场性”，也重视他们共同创造的活动成果。“参与”是一个持续发展和演变的过程，在这个过程中，参与者应意识到自己是其中的一分子，而非旁观者，并理解通过参与活动来提升自尊、自信和自主性。“参与”反映了参与者的投入状态，从个体层面来看，它涉及个体在认知和情感上的投入，个体之间的互动，以及个体与集体之间的相互影响程度。从集体层面来看，“参与”指的是所有参与者的整体投入状况，包括他们形成的小组类型、小组内不同角色的分配、小组的竞争与合作机制，以及小组的发展阶段和特征等。

二、参与式教学的概念

基于对“参与”一词的理解，我们可以将参与式教学定义为在自由、民主、平等的教学环境中，教师运用多种教学策略和方法，以学生为核心，鼓励学生自愿、主动、积极地参与到教学活动的各个阶段，与教师一同推动教学进程的教学模式。与传统的以教师和教材为中心、依赖黑板和粉笔的教学模式相比，参与式教学致力于营造一个让学生真正成为教学焦点和学习主体的环境。学生的主体参与有助于激发课堂活力，满足学生的表现和成长需求，这是教学活力的关键所在。通过主体参与，学生有机会选择教学内容、建议教学进度、与教师合作设计教学策略、积极参与并对教学过程进行适当调控和干预，以及对教学成果进行评价，从而充分发挥学生的主观能动性。

三、参与式教学的特点

参与式教学在继承传统教学合理元素的基础上，实现了发展和创新。它通常被认为具有以下六大特征：

（一）全体性

参与式教学强调所有师生共同参与。这包括教师和学生的全面参与，确保每个学生，无论成绩如何，都能成为积极参与的主体，不应被忽视。每个学生都享有平等的参与机会，拥有表达自己观点的权利和义务。教师的参与也不是单打独斗，而是与其他教师进行交流，分享教学经验，共同了解学生情况。

（二）全面性

参与式教学强调师生在教学全过程中的全面参与。教学是一个包含多个环节的过程，学生应参与到每个环节中。具体包括：课前参与，学生与教师共同设计教学内容、目的、重难点等；课中参与，学生通过提问、讨论等形式参与教学；课后参与，学生通过查阅资料、完成作业、讨论问题、参与实践等方式与教师和同学交流，并提出教学建议，对教学进行监控或干预。

（三）开放性

参与式教学强调教学方法、内容、媒体和评价的开放性。教学效果和成绩的提升需要有效的方法，但不应局限于固定的模式。不同的教师可能对相同的学生采取不同的方法，学生可以根据自己的兴趣和需求选择合适的学习方法。教学中，学生和教师共同参与设计，学生可以根据自己的情况确定学习方法。教师以教材为基础，但不拘泥于教材，学生通过参与将个人经验与教师传授的知识结合。评价主体不是仅限于教师，还包括学生和社会，评价是公开、公平、客观的形成性评价。

（四）合作性

参与式教学强调师生之间的合作关系。在教学过程中，教师和学生共同发现问题、分析问题、解决问题，形成多元化的智慧和思想交流。

（五）生成性

参与式教学强调学生自主构建理解的知识。通过积极参与教学，学生吸收和理解来自课内外的知识，主动构建和生成自己的知识体系，这种生成是动态的。

（六）宽容性

参与式教学强调师生之间的相互宽容。在教学中，允许学生自由表达个人见解，对不同意见和错误言行给予包容。教师应进行教学反思，以促进教学的进一步发展。

四、参与式教学模式和方法

参与式教学的方法多种多样，没有统一的标准模式，它会根据教学内容、教学目标、教师和学生的不同而有所变化。国内外常用的参与式教学模式包括提问、头脑风暴、小组讨论、角色扮演、案例分析、小组合作、歌舞、戏剧等。以下是几种主要的模式介绍：

（一）提问法

提问法是参与式教学中应用最广泛的方法。其基本步骤包括：

（1）检查学生对知识的掌握情况，确保他们跟上学习进度；

（2）评估学生的学习状态，维持他们的学习兴趣和热情；

（3）激励学生自主思考和寻找答案；

（4）将提问作为教学环节的过渡，引导进入下一阶段的讨论或学习。

提问的目的是明确的，但如果使用不当，可能会让学生感觉像是在接受审问，从而影响师生间的平等交流。为避免这种情况，教师应遵循以下原则：

（5）避免提出故意使学生难堪的问题；

（6）只提问与学习目标和内容相关的问题；

（7）提出学生能够回答的问题，即使有时这些问题具有一定挑战性；

（8）教师提出的问题应具有高质量，避免不恰当的问题。高质量的问题类型包括：

（1）开放式问题：通常以“wh-”开头的特殊疑问词，如“where”“when”“who”“why”“what”等；

（2）追问问题：通过逐步引导和深入的问题，促使回答者进行更深入的思考；

（3）确认理解问题：确保学生理解了提问，教师也理解了学生的回答，要求学生确认自己的回答。

不合适、低质量的问题包括：只能用“yes”或“no”回答的封闭式问题、给出明显暗示的引导式问题、只能回答部分内容的复杂问题，或是过于简单或困难的问题。

此外，教师需要为学生创造一个安全、轻松的学习环境。

（二）头脑风暴法

头脑风暴法（Brainstorming）是由美国学者阿历克斯·奥斯本在 1938 年提出的一种参与式教学模式，它是一种集体创造性思维的训练方法。头脑风暴最初是精神病理学上的术语，用来描述精神错乱状态，现在则用来形容思维活跃、产生无限联想和讨论，从而催生新观念或激发创新思维的过程。这种方法的特点是鼓励参与者针对特定主题，敞开心扉，自由、迅速地表达自己的想法，通过思维的碰撞激发创造性思维。

尽管头脑风暴法的参与度很高，看似热闹，但有效地组织并不简单。以下是组织头脑风暴时应遵循的基本步骤和原则：

1. 基本步骤

（1）明确议题：确保参与者了解讨论的主题，最好将问题写在黑板上或展示在纸张上。

（2）准备资料：为了提高头脑风暴的效率，可以在讨论前准备相关资料，以便参与者了解议题背景。

（3）确定人数：一般以 8 到 10 人为宜，可根据情况适当增减，人数太少不利于思维激发，人数太多则难以管理。

（4）分工明确：指定一名主持人负责引导讨论和掌握进程，一名记录员记录所有参与者的想法。

（5）规定纪律：根据头脑风暴的原则，设定一些规则，要求参与者遵守。

（6）控制时间：讨论时间由主持人掌握，不宜提前设定，一般以几十分钟为宜。

2. 基本原则

（1）自由畅谈：鼓励参与者从不同角度、层次和方位大胆想象，提出创新和独特的想法。

（2）延迟评判：在讨论过程中，不否定任何设想，也不发表评论性意见，所有评价和判断都留到讨论结束后进行。

（3）禁止批评：绝对禁止批评是头脑风暴法的一个重要原则，每个人都不应对他人的设想提出批评，以免抑制创造性思维。

（4）追求数量：头脑风暴的目标是产生尽可能多的设想，数量是它的首要追求。

（三）小组讨论法

合作学习作为参与式教学的一种重要手段，特别是在互动和探讨环节表现出其独有的优势，其核心在于小团队内的交流与分享。一般而言，我们会依据 4 到 6 人的规模来构建讨论小组，并针对 1 到 2 个主题进行深入探讨。在讨论过程中，建议参与讨论的人员能够调整座位，以便更加紧密地坐在一起，实现面对面地交流。这种身体上的接近和视觉上的接触不仅能够提升讨论的效率和质量，还能增进团队成员间的理解与信任。小组讨论的详细流程和关键组织要素包括：

第一，把全体参与者分为 4~6 人的小组，采用全班集体活动方式。分组时，视具体活动目的而采用按自愿组合、学号分或者按性别混合、能力混合、个性及知识经验混合。

第二，分组后，明确每小组的具体目标及活动需要的时间。为实现共同目标，将参与者进行角色分工。每个成员都担任一定的角色，如召集员（负责组织讨论）；计时员（保证小组内每一位成员都有机会发言，提醒发言过长者缩短说话时间）；记录员（负责将本组讨论或活动结果记录在纸上）；汇报员（负责向全班报告本组讨论和活动结果）。这些角色由不同的人轮流担任。

第三，教师是全班集体讨论活动的组织者。其职责是负责揭示讨论的主题，向参与者提出明确、清晰的讨论要求。在活动过程中，组织学生，为各小组提供材料，主要包括讨论或演示用的图片、展示板等。在各小组巡视，就各组的活动情况进行调控，以随时提供必要的指导和帮助。

第四，活动结果的汇报。各组汇报员将活动讨论结果进行口头报告，讲解本组意图与结论；或者进行书面报告，将讨论结果写于大白纸上，然后贴到黑板上向全班展示。小组讨论，各组轮流展示，大组分享，以达成共识。

第五，活动结果的点评。教师和学员对各组的展示做出点评。教师最后全面总结各小组的活动成果，给学员以恰当的评价或期待。

第六，小组讨论应该避免的问题。小组讨论避免每个成员讨论的内容之间没有逻辑关联；避免组员的发言在低水平上重复，组员无法在思想上得到提升。

这种组织形式始终贯穿着一个指导思想，那就是以学习者为中心，以活动为主，平等参与，融理念、知识于参与式活动之中，强调学习者的主动参与。充分关注学习者已有的知识经验，根本目的就是发挥学习者的主观能动性。

（四）角色扮演法

角色扮演法通过肢体动作作为桥梁，让学习者根据学习目标和个人理解去模拟现实生活中的某个角色，将该角色的性格特点以及在不同场合和关系中的行为方式更加鲜明地展示出来。在英语教学中，角色扮演的宗旨是让参与者从多个视角体验逼真的语言环境，从而对英语有更深更全面的理解和感受。

通过角色扮演，学习者能将学到的语言知识和技巧综合运用在一个具体的问题情景中。在参与这种实际且易于感知的模拟练习时，学习者的新知识和技能综合运用能力以及处理复杂问题的能力都会得到增强。

角色扮演通常包含以下步骤：

（1）教师提出一个现实生活的场景，并说明角色扮演的基本要求，允许参与者进行适当调整。

（2）参与者迅速分成小组，明确要扮演的主题与角色，并进行预演。

（3）教师为参与者分配观察任务，包括观察的内容、视角和方法。

（4）各小组开始角色扮演，其他参与者进行观察并记录下来。

（5）所有参与者对各个小组的表现进行评价，并针对相关问题进行讨论。

（6）教师帮助参与者进行归纳总结，将角色扮演中的情境与现实生活相联系，探讨行为的一般原则和解决问题的常规方法。

虽然角色扮演能够让学习者现学现用，但也有其不足之处：首先，对参与者来说，角色扮演是一个较大的挑战。其次，某些角色扮演可能会在参与者心中引发强烈的情感反应，使其久久不能平复。最后，角色扮演可能比较耗时，有时还需要大量的预先准备。

第四节　内容型教学模式

一、内容型教学法的基本原则

内容型教学法通过将目标语言与学科内容相结合来进行教学，实现了语言体系与教学内容的融合。这种融合的教学理念基于这样的认识：只有当两者受到同等重视并且不被孤立时，才能有效地促进语言和学科内容的双重进步。采用目标语言来教授学科内容是实现这种整合的有效途径。其核心原则包括：

（一）教学决策建立在内容上

在语言课程的设计和教材编写过程中，设计者和编写者需要解决两个关键问题：一是确定课程内容（即选择哪些课题），二是安排内容的顺序（即如何安排这些课题的先后）。在传统教学方法中，诸如语法翻译法、听说法等，通常是根据语法的难易程度来编排教材的。例如，一般现在时因为相对简单，所以在教材编写和教学中往往被置于优先位置，教材和教学也因此将较易掌握的内容安排在初级阶段。相反，内容型教学法彻底改变了这种内容选择和排序的传统原则，它摒弃了以语言难度为教学起点的做法，转而将内容作为决定语言选择和排序的主导因素。

（二）整合听说读写技能

传统教学通常采用孤立、单一技能的课程，如专门的语法、写作或听说课程。内容型教学法旨在同时整合听说读写四项基本技能，并将语法和词汇的教学融合进一个连续的教学过程中。这种方法的产生是基于语言交流的实际情境和语言的交互活动，需要多种技能的配合。内容型语言教学也反对课堂上机械地遵循“先听说、后写作”的教学次序。它不拘泥于固定的技能教学顺序，而是可以从任何一项技能开始教学。这一原则实际上是第一个原则的延伸，它体现了内容在决定和影响教学项目和顺序方面的具体作用。

（三）教学的每一个阶段都要求学生积极地、主动地参与

自从交际法出现以来，教学的重心已经从教师转向学生，“在实践中学习”成为交际语言教学的一个核心理念。任务型教学是交际法的一个延伸，它强调学生在完成具体任务的过程中进行探索和发现。内容型教学同样是交际法的一个分支，它注重学生在学习过程中的主动参与和积极学习。支持内容型教学的学者提出，语言学习应当通过让学生接触教师的语言输入来实现，同时，学生还能通过与同伴的互动获得丰富的语言信息。因此，在课堂的互动学习、意义协商、信息搜集和意义构建过程中，学生扮演着积极的社会角色。在内容型语言教学中，学习者能够扮演多种角色，如信息接收者、倾听者、策划者、协调者、评价者等。与学习者的多重身份相呼应，教师也承担着多种角色，他们可以是信息的提供者，任务的设计者，学习活动的引导者、调控者、促进者，以及学生学习成果的评估者等。

（四）学习内容的选择与学生的兴趣、生活和学习目标相关

内容型教学法在内容选择上最终取决于学生的需求和教学的具体环境。教学内容的选取往往与教学和教育的具体环境中的学科内容相辅相成。例如，在中学阶段，英语教学可以借鉴学生在其他科目，如科学、历史、社会科学等的学习内容。在高等教育背景下，学生可以选择与他们的专业紧密相关的“相邻”语言课程。这种“相邻课程”模式涉及两位教师从不同角度教授相同的内容，以实现不同的教学目标。在其他教学环境中，教学内容的选择可

以基于学生的职业需求和兴趣爱好。实际上，确定学生普遍感兴趣或直接相关的内容颇具挑战性，教材编写者和使用者都难以准确把握这一点。然而，由于每个内容单元的教学周期较长，教师有充足的时间和机会将课程内容与学生的兴趣和已有知识相结合。因此，激发学生对所选内容的兴趣是内容型教学理论成功的关键所在。

（五）选择“真实的”教学内容和任务

内容型教学的一个关键要素是真实性，它强调教学内容和任务的真实性。无论是歌曲、故事还是动画片，只要它们是真实的，就可以作为教学材料。将这些真实的内容纳入英语课堂，虽然改变了它们最初的用途，但它们现在被用来促进语言学习。此外，任务的真实性也是内容型教学追求的目标，任务需要与特定的文本情境相结合，并且反映出真实世界的实际情况。

（六）对语言结构进行直接学习

内容型教学通过让学生接触真实的语言输入，旨在培养他们使用语言进行交流的能力。在这种教学中，文本材料、教师在课堂上的语言、学生之间的配对活动以及小组互动都成了获取信息的重要途径。然而，内容型教学强调，仅仅依靠可理解性的输入并不足以确保语言学习的成功，学生需要对真实文本中出现的语言结构有意识地加以学习和提高。

二、内容型教学法的特点

内容型教学法的目的是尽可能地将学生置于与他们直接相关或引起他们兴趣的内容中。这一定义表明，直接相关和引起兴趣的内容不仅包括学生在日常生活中可能遇到的问题，还包括他们学习的其他学科内容。学生学习的学科内容应当恰当地融入英语教学中，以促进他们在思维和语言能力上的全面发展。内容型教学法的主要特征包括：

首先，它强调并利用“内容”来丰富语言教学。这种“内容”不仅为英语课堂提供了丰富的教学情境，使教师能够通过这些内容展示和解释语言的具体特点，而且研究表明，具有挑战性的“内容”是语言习得成功的关键。

无论是克拉申的“可理解性输入”理论，还是维果茨基的“最近发展区”理论，都强调提供综合的、具有挑战性的、略高于学习者当前语言水平的内容输入。因此，将内容输入放在核心位置是当前内容型教学法实践和实验的一个普遍趋势。

其次，内容型教学法在选择内容时不以教学课时为基本单位。通常，一个内容单元会跨越多个课时。实际上，内容型语言教学的一个教学单元可能持续几周甚至更长时间。

三、内容型教学法的教学模式

目前，内容型教学法主要分为两种模式：

（一）主题模式

主题模式通过围绕特定主题来组织教学活动。这些主题通常源于学生学习的其他科目或与他们的兴趣和生活密切相关的内容。主题教学旨在突破传统教学内容和方法的局限，解决英语教学中长期存在的问题。这种模式强调语言所传达的意义，同时也不忽略语言形式的学习。学生通过构建主题来学习与社会生活相关的知识，并在具体环节中掌握词汇、短语、句型和语法，将意义与形式有效结合。

主题教学模式实现了教师引导与学生自主学习的平衡。教师的责任是创造学习语境并提供正确的引导和示范。教师将构建、拓展和深化以主题为基础的认知结构的任务交给学生，从而在真正意义上培养学生的自主学习能力。

此外，主题教学模式还促进了学生跨文化交际能力的全面发展。在以主题为中心的英语学习中，学生获得了关于社会、文化和交际的丰富知识；在完成围绕主题和话题的交际任务时，学生提高了基于听、读、写能力的跨文化交际技能，增强了个人素质，发展了个性；在自主学习的过程中，学生发现了自我价值，实现了自我超越。英语教学通过主题引导，按照主题—话题—细节的顺序，帮助学生逐步建立起反映主观世界、客观世界和社会交际需求的知识体系。

（二）附加模式

附加模式涉及语言教师和学科内容教师同时教授相同的教学内容，但他们各自的教学焦点和目标有所区别。语言教师侧重于教授语言知识，以实现语言教学的目标，而学科内容教师则专注于学生对学科内容的理解。例如，一名英语教师和一名心理学教师可能同时教授心理学相关的材料。在这种情况下，英语教师将心理学内容纳入英语语言课程中，旨在提升学生的英语运用能力；而心理学教师则旨在完成心理学学科的教学目标。因此，在英语教师的课堂上，学生通过理解和吸收具有挑战性的内容，能够更快地掌握难度较大的材料，并在语言教师的引导下，迅速学习语言。

四、内容型教学法的优缺点

（一）内容型教学法的优点

1. 内容型教学法中丰富的学科内容有助于学生智力的发展

至今，交际法在英语教学中最为注重语言形式与内容的紧密结合。然而，交际法未能完全摆脱教学中长期存在的“内容自由”选择传统，仍然倾向于根据语言的功能或意义来选择内容。这种方式使得语言既是内容又是教学媒介，容易导致课堂教学中出现循环现象：教学内容一段时间集中在内容上，另一段时间则侧重于具体语言结构。然而，不同的内容需要不同的思维方式，而不同的思维方式又需要相应的教学内容。换句话说，不同的语言内容会引发学习者不同的认知过程，而单一以结构为组织原则的教学无法满足学生在认知能力发展上的需求。因此，多样化和丰富的学科内容成为语言教学的核心，成为促进学生认知能力发展的一种途径。随着时代的发展，英语教学的目的越来越倾向于将语言教学视为人类发展的重要推动力，作为人类思维能力和语言能力发展的条件。沉浸式语言教学的研究显示，在第二语言学习中，学习者认知技能的发展和母语环境中的暴露同等重要，语言能力（如语音、词汇、语法、语义、功能意义）和认知过程（如理解、分析、应用、综合、评价）之间存在着紧密的联系。问题的关键在于，不同的思维方式需要不同类型的语言内容。因此，通过激发学习者对多样化内容的兴趣，可以在发展思维能力的同时促进语言能力的发展。

2. 增强学生的高级学习策略

随着思维的发展，学生的学习策略也会得到相应的提升。例如，掌握推导策略通常比寻找同义词更具挑战性。翻译、重复和惯用语的使用等策略是学习者在语言学习初期较容易学会的，但在内容单一的环境中，他们往往局限于有限的语言结构和认知情境，难以发展出，如运用、监控、推导等更高级的策略。而这些高级策略对于成功学习一门语言至关重要。卡明斯的研究曾经探讨过语言情境和认知难度对语言学习的影响。他发现，认知难度较高的任务能够促使学习者发展不同的思维方式，并且这些任务与情境紧密相关。在真实任务情境中，学生积极参与意义协商，并在遇到不理解的信息时提供反馈。这时，大量的非言语特征和情境信息共同促进语言的发展。在这种情况下，语言获得的支撑达到最大化。当情境和认知难度降低时，学生对语言意义的理解和成功解释信息的能力主要依赖于语言本身的知识，如通过分析句法结构、寻找同义词等。情境丰富的语言学习环境为学生提供了大量的语言、元语言和超语言材料，这些材料在学生加工信息的过程中起着重要作用。母语就是在认知难度和语言情境丰富的环境中习得的。然而，我们的英语教学条件与母语学习相反，常常处于认知难度和情境缺乏的状态。因此，教学效果自然受到影响。

3. 提供丰富的促进语言发展的材料

语言、元语言和超语言的情境内容能够显著提升学生对语言的感知力和理解力，进而加快语言能力的成长。深入的内容知识有助于学生学习策略的养成。简单的策略，如翻译、重复和背诵等，无法充分满足英语思维能力提升的需求。而高级策略才是语言学习成功的关键。此外，对内容的敏感度还能增强学生对语言背景知识、语法和词汇等语言系统知识的理解。在处理这些知识的过程中，学生的思维能力也会得到提升。英语教学应当提供多样化的内容，以满足人类多种思维能力发展的需求。内容的多样性不仅能够满足人类思维的发展，还能促进语言能力的提升。显而易见，内容型教学法通过发展与学生语言结构相关的思维技能来促进语言的学习。由于内容与认知方式密切相关，它要求学生运用一系列具体的概念、观点和语法规则来进行表达。英语教学法的改革应从内容出发，一方面增加认知难度，以促进学生思维能力的发展；另一方面，使内容成为语言发展的条件，从而更好地符合英语教学从语言发展走向人类全面发展的总体趋势。

（二）内容型教学法的缺点

1. 内容型教学法存在很多的局限性

缺乏适用于内容型教学法的教材。目前，在欧美国家，内容型教学法的应用仍处于初步探索阶段。内容型教学法涉及的方法和内容体系极其复杂，这使得编写一套统一的教材变得相当困难。仅仅从教学模式的角度来看，内容型教学法就包括了主题模式、附加模式和遮蔽模式等多种形式，每一种模式对教材、教学流程以及教师的知识结构都有不同的要求。因此，编写一套能够涵盖多个学科内容，同时满足不同学科教学规律的教材，是一项极具挑战性的任务。

2. 缺乏胜任内容型教学法的师资力量。

内容型教学法使对师资的要求经历了巨大的转变。首先，不同学科内容的教学自然要求教师具备相应的知识储备，但实际上，很少有教师能够满足这些要求；其次，不同的教学模式对教师构成了巨大挑战，他们不仅需要具备优秀的英语教学能力和技巧，还必须与其他学科教师进行协调和合作，这样才能完成教学任务，这要求他们打破将英语视为与其他学科相互独立的传统思维模式。显然，内容型教学法对教师的要求远超过其他教学法。

总的来说，丰富的学习内容是文化的传递者，是语言发展的基础，也是人类思维发展的重要部分，因此现代英语教学法应以丰富的学科内容为起点。为了调和语言内容与意义之间的长期矛盾，创造新型的内容型教学模式不仅能促进人的全面发展，还能彻底改变以往各种教学法流派偏重语言、忽视内容的“两张皮”现象，改变“为了教语言而教学”“为了工具性目的而教学”的教学法定位，实现向“为了人的整体发展而教学”的转变。

第三章　高校英语教学方法

从 17 世纪现代英语形成开始，对英语教学方法的研究一直持续不断。目前，英语教学正朝向多样化和综合化的方向演进。详细分析高等教育中英语教学的常见方法，对教师根据需要灵活应用不同的教学策略、增强教学成效大有裨益。因此，本章首先阐释教学方法的定义和架构，接着详述几种在高等教育英语教学中被广泛采用的教学法，并在此基础上，进一步研究英语教学法的发展趋势。

第一节　英语教学方法的内涵

一、教学方法

（一）教学方法的概念

在深入探讨教学方法的概念之前，我们首先需要理解“方法”这一术语。方法涉及解决思考、交流、行动等方面问题的途径和程序。从这一术语本身可以看出，方法既可以是广泛的，也可以是具体的。那么，什么是教学方法呢？在教育理论和各类教育学、教学论的文献中，对于教学方法的看法并不统一，对其定义也各有差异。以下是几种具有代表性的看法：

（1）方式说：认为教学方法是教师在教学过程中用以完成教学任务的工作方式，以及学生在教师指导下进行学习的方式。

（2）措施说：认为教学方法是教师为达成教学任务和目的，在教学过程中采取的一系列措施。

（3）手段说：认为教学方法是教师用来完成教学任务的手段。

（4）办法说：认为教学方法是教师为完成教学任务而采取的办法。

（5）操作策略说：认为教学方法是在教学过程中，教师指导学生通过一系列教学方式组成的操作策略来实现教学目的的举措。

尽管这些定义都有其合理之处，指出了教学方法的某些特点，但它们也存在不足。比如，过于片面、笼统或模糊，未能充分揭示教学方法的深层含义。方式、手段、措施、策略等术语，并没有明确的属种关系，因此缺乏逻辑依据。

尽管对教学方法的定义存在差异，但以下几点是共识：

（1）教学方法与教学目的紧密相关，是实现教学目的的必要工具。

（2）教学方法应包括教师的教法与学生的学法，体现师生在教学中的互动和统一。

这些共识为深入探讨教学方法打下了基础。此外，还需明确以下几个问题：

（1）教学方法与教学方式的关系：有的认为它们是对等概念，可以互相指称；有的认为教学方式是教学方法的上位概念；还有的认为教学方式是下位概念。我们认为教学方式是教学方法的组成部分，是教师和学生的具体基本动作，而教学方法则是由多种教学方式构成的。

（2）教与学及其方法的相互联系：有的描述为“师生共同活动”，有的为“师生相互联系活动”，还有的为“教与学相互作用”。笔者认为，教与学的相互联系应明确为“教师指导学生学习”，因此教学方法不应只是教师教的方法与学生学的方法的简单组合，而应是“教师指导学生学习的方法”。

（3）教学方法最邻近的属概念：有的认为是“手段”，有的认为是“方式”，有的认为是“活动”，有的认为是“动作体系”，有的认为是“途径”。笔者认为教学方法最邻近的属概念应是“活动方式”。

基于以上理解，我们可以将教学方法的概念界定为：在教学过程中，教师指导学生学习以实现教学目的，所采取的教与学相互作用的活动方式的总体。

（二）教学方法的意义

作为教学过程整体结构中的一个关键部分，教学方法是教学活动的基本要素之一，它直接影响到教学的成功、效果和效率，因而在教学中占据着举足轻重的位置。其重要性可以从以下几个方面体现出来：

（1）教学方法是教师与学生之间教学互动的桥梁：正如古语所述，“事必有法，然后可成”，有效的教学方法能够将教师的教学行为和学生的学习行为紧密结合，共同促进教学目标的实现。

（2）教学方法是提升教学质量和效率的坚实保障：恰当的方法能够避免走弯路，节省在错误方向上投入的宝贵时间和劳力，从而显著提高课堂教学的质量和效率。

（3）教学方法对教师的威信和师生关系有着显著影响：《学记》中提到，善学者能够使教师轻松而成效显著，而不善学者则可能导致教师辛勤却收效甚微。教师通过采用有效的教学方法，不仅能够提高教学效果，还能在学生中建立起较高的威信，并促进师生关系的和谐。

（4）教学方法对学生的身心发展有着深远的作用：正如皮亚杰所言，良好的教学方法能够提升学生的效能，促进他们的心理成长。相反，不当的教学方法可能会对学生的智力发展造成损害，正如恩格斯对爱北裴特中学的背书制度所进行的批判。

综上所述，教学方法在教学过程中的作用不容忽视，它不仅关系到教学的直接效果，还对学生和教师的长期发展产生深远的影响。

二、英语教学方法的定义和框架

（一）英语教学方法的定义

在中国英语教学的语境中，“英语教学方法”这一术语承载着多重含义。从教学方法的基本概念出发，英语教学方法涵盖了不同的层面，主要分为宏观层、中观层和微观层。

宏观层涉及到英语教学的系统性理论、观点、主张和操作程序，这些元素相互支撑、协同作用，形成一个独立且完整的思维体系，即英语教学流派。例如，语法翻译法、直接法、认知法、交际法、全身反应法等都属于宏观层的英语教学方法。

中观层指的是英语教学中的一些规律性、固定的教学模式，这些模式较为复杂，包含多个步骤，形成了一套系统的技巧和做法。

微观层则关注具体的教学技能和技巧。在这个层面上，“方法”一词并非英语教学的专有术语，而是指日常用语中的解决具体问题的具体做法，如语法教学中的演绎法和归纳法、语音教学中的跟读法、词汇教学中的默写法等。

英语教学方法是基于系统原则和程序的语言教学途径和做法，涉及语言教学的本质特征、教学目的、教学大纲、教师职能、学生活动、教材作用、教学技巧和程序等方面。因此，外语教学法作为非母语现代教学的一门科学和理论，具有自身的结构和研究对象。英语教学法研究教学的规律性、目的、内容、手段、具体教法、方法和体系，同时也研究学习过程和用英语材料进行教育的过程。

根据理查兹（Richards）等学者的观点，英语教学方法的定义是：基于系统原则和程序的教授语言的方法，即关于如何以最佳方式教授和学习语言的应用观点。不同的语言教学方法，如直接法、听说法、视听法、语法翻译法、沉默法、交际法等，都是关于语言本质特征、语言学习本质特征，教学目标、教学大纲，教师、学生、教学材料等角色，教学技能技巧和程序步骤的不同观点的应用结果。

实际上，英语教学方法是关于英语教学的思想体系，这一理论体系包括理论基础和操作程序。在理论层面，涉及英语教学的基本理论、基本观点、基本原则等问题，即关于英语教学的哲学思考、科学思维和逻辑推理。在操作程序方面，主要关注教师和学生应该做什么、如何做等具体问题，即关于教学活动的具体内容、决策、技术和技巧等问题。理论基础是科学分析，操作程序是科学应用，二者共同构成了英语教学的整体。

（二）英语教学方法的框架

掌握英语教学方法的基本结构不仅有助于分析和比较各种教学方法的内部问题，还能够帮助英语教师构建自己的教学方法体系，进而形成独特的教学风格。以下是对英语教学方法主要框架的介绍：

1. AMT 三级构架模式

由美国应用语言学家安东尼提出的 AMT 三级构架模式，揭示了英语教学科学分析和科学应用两个层面之间的差异与依赖关系。该模式认为，英语教学方法的框架具有层次性，技巧策略实现某种方法体系，而方法体系必须与理论原则相一致。理论原则是关于语言教与学的一整套假设，具有自明性，而方法体系是关于有序呈现语言教学材料的整体计划。教学方法具有程序性，理论原则具有自明性，基于同一理论原则可以建立多种不同的教学方法体系。

安东尼的 AMT 三级构架具有清晰的层次感和严密的逻辑性，包括 Approach, Method, Technique 三个层次。Approach 层是理论原则层，Method 层是方法体系层，Technique 层是技巧策略层。尽管 AMT 三级构架合理，但其所包含的教学方法体系本身较为单薄。因此，理查兹和罗杰斯在此基础上创建了更为合理的 ADP 三维构架模式。

2. ADP 三维构架模式

理查兹和罗杰斯在吸收安东尼的 AMT 三级构架模式的基础上，提出了 ADP（Approach, Design, Procedure）三维模式。该模式认为，完整的英语教学方法应具有三维描述：教学理论原则、教学设计、教学步骤。教学理论原则是关于语言和语言学习的基本理论，教学设计是教学方法的核心，教学步骤是教学方法的实施过程。这三者之间存在差异，又相互联系，共同构成教学方法的组成部分。

与安东尼的等级教学方法结构相比，ADP 模式在形态上更趋完美，在内容上更加完善。然而，教学方法本身只是概念的组合，教学实践在于教学方法的运用。ADP 模式将教学设计停留在理论范畴，教学步骤推向实践前台，可能导致教学步骤与教学设计分离，甚至内容重复。因此，将教学方法的课堂应用纳入教学方法体系的构架中存在不合理之处。

3. 五层框架结构

王才仁在综合前人教学方法构架的基础上提出了五层框架结构，明确了各层的定义及相互关系。该结构将教学策略作为连接理论与实践的桥梁，将 Method 和 Approach 视为教学基础理论原则，属于科学范畴；而 Method 和

Technique 则是实践部分，属于艺术范畴。这两部分通过 Strategy 层联系，形成了一个逻辑严密的英语教学方法论说明体系。

尽管王才仁的五层框架结构具有优势，但也存在问题：教学策略定位在教学方法之上，与一般观点相反，可能导致理解和使用上的混乱；教学方法局限在课堂空间内，不利于方法的整体性与教学的整体性一致；实验性教学法概念难以融入主流概念体系；以英文概念为基础的中文概念体系可能存在先天不足的缺陷。

第二节　常用的高校英语教学方法及应用

以上我们介绍了英语教学方法的基本内涵，本节我们重点介绍英语教学中常用的一些 教学方法及其应用。

一、语法翻译法

语法翻译法，亦称为“翻译法”，起源于 18 世纪末至 19 世纪中期，曾是欧洲外语教学的主流方法。该方法着重于词汇和语法的学习，注重提升学生的阅读和写作能力，然而对听力和口语技能的培养却不够重视。此外，学生在这一教学过程中的主体性未得到充分的体现。在语法翻译法中，教师扮演着权威的角色，是知识的传递者和教学活动的组织者，而学生则处于较为被动的位置，主要是接受教师的指导。

（一）背景知识

语法翻译法，作为历史最悠久的语言教学方法之一，同样也是颇具争议的教学法。从英语语言教学史来看，现代语言教学始于中世纪末。随着语言教学的不断发展，教学法也相应产生并与之紧密相连。语法翻译法的形成与当时的社会历史背景及人们学习外语的目的密切相关。在 18 和 19 世纪，欧洲的一些学校开始提供现代外语课程。当时，学习外语的主要目的是阅读希腊文和拉丁文的文献，以便进行学术交流并撰写著作。因此，阅读和翻译成为学习语言的主要目标，而语法翻译法在教授希腊文和拉丁文方面显示出了一定的效果，从而得以产生和发展。

此外，语法翻译法的形成也得益于对语言的研究和认识。18 和 19 世纪的语言研究为语法翻译教学法提供了理论基础，具体体现在以下三个方面：

（1）18 世纪学者对词类的研究及其划分为语法翻译教学法的形成和发展奠定了重要基础。语言学家将语言视为词类的组合，认为掌握了词汇就掌握了语言。斯多葛学派首先确定了语法的范畴，如时态、语态、非限定动词等。在此基础上，亚历山大里亚学派基于对词的研究确定了八大词类，包括动词、名词、形容词、代词、副词、介词、连词和冠词。

（2）在 18 和 19 世纪的语言学家看来，只要语言学习者能够按照语法规则将词汇组合起来，就能够表达思想。因此，他们视语法为一种组合词汇的黏合剂。通过对语言规律的研究和分类，他们逐步建立了“希腊—拉丁语法体系”，并在该体系中明确了主语、谓语、表语、定语、状语等语法成分。

（3）18 和 19 世纪的语言学家认为，书面语是语言的精髓，将书面语视为不变的经典。因此，他们认为书面语应该是学习者学习的重点。

（二）主要特点

语法翻译法的特色显著，主要体现在以下几个方面：

（1）强调语法教学：在语法翻译法中，语法被视为语言的核心，是外语学习的关键内容，语法教学因此成为教学的核心任务。教材的编排也是按照语法体系的结构逐步深入，对语法进行详细和系统的阐述。教学活动的目标是掌握课程中的语法点，教学效果的评价也以学生对语法的掌握程度为标准。

（2）翻译作为主要教学活动：在语法翻译法的教学中，教师通常使用学生的母语进行讲解。学生的学习活动除了记忆和阅读外，主要是通过母语和外语之间的互译来实践和巩固所学的语法规则和词汇。教材中的每个语法点都配有相应的翻译练习。

（3）重视书面语，忽视口语：由于当时社会发展的需求，语法翻译法将书面语和口语的教学分开，将阅读能力的培养视为首要或唯一目标。口语教学仅限于教授单词发音。因此，语法翻译法显示出重视书面语、忽视口语的特点。但同时，这种分离也有助于教学的有效进行。

（4）句子作为教学和练习的基本单位：为了更有效地学习英语，语法翻译法的支持者用句子取代了希腊语和拉丁语教学中复杂的语段材料，使得句子成为语法翻译法教学和练习的基本单位。

（三）实际应用

在常规的语法翻译法课堂教学中，教师通常会通过翻译文章大意、逐句将外语翻译成母语、演绎式讲解语法规则以及直接阅读课文来加深学生对课文的理解。以《最后一课》为例，课堂教学可能会这样进行：

首先，教师会用母语简要介绍文章的背景和作者信息，然后概述文章的主旨，确保学生能够对文章内容有一个初步的认识。

接着，教师会逐句翻译文章。在翻译前，教师会先引导学生阅读单词表中的单词，以便学生对单词的发音和意义有所了解。在逐句翻译时，教师会朗读句子，并使用母语解释词语、短语和句子的含义。针对语法问题，教师会详细讲解语法现象、规则和用法，并辅以实例。

在课堂教学活动中，逐句翻译和语法讲解占据了大部分时间，是语法翻译法的核心。例如，在教授第一句“I was very late that morning on my way to school and was afraid of being scolded...”时，教师会边朗读边解释，以帮助学生更好地掌握短语用法。教师还会让学生翻译一些句子，如“我在上学的路上遇到了王强”。

在讲解第一句的下半部分时，教师会对“of being scolded”进行详细解释，并说明动名词被动式的构成法——“being+ 过去分词”。通过边翻译边用演绎法解释语法项目，教师完成整篇课文的讲解。在这个过程中，母语是主要使用的语言。

此外，在上述讲解的基础上，教师还会让学生直接阅读课文并做一些阅读理解的练习，以巩固所学知识。阅读理解练习通常以选择题的形式出现。至此，一堂课的教学基本结束。教师还可以根据具体情况给学生布置一些笔头翻译练习。

（四）优缺点

语法翻译法作为一种历史悠久的语言教学方法，具有其显著的优势，尤其是在师资力量薄弱、教学设施不足、班级规模大、教师工作负担重或教学积极性不高的背景下，它受到了特别的青睐。其优势主要体现在以下几个方面：

（1）创立了翻译式的教学形态。

（2）强调对书面语的分析，注重的原文的学习，这有助于学生对目标语言的深入理解和掌握。

（3）重视词汇和语法知识的系统传授，有利于学生对语言知识的巩固，有助于打下坚实的语言基础。

（4）促进学生内化目标语言的结构，提升用英语表达的能力。

（5）帮助学生确认或否定他们对目标语言的无意识或有意识的假设，区分母语与目标语言的差异。

（6）使用简便，无需特殊教具和设备，只要教师掌握英语基础知识，就可以进行教学。

（7）管理方便，便于测试学生。

然而，语法翻译教学法也存在局限性和缺陷，主要体现在：

（1）过度强调翻译，认为仅通过翻译就能教授外语，这可能导致学生在使用外语时过分依赖翻译，不利于培养交际能力。

（2）忽视语音和语调的教学，影响学生口语能力的培养。

（3）过于注重语法规则，可能限制学生的口语交流意识，妨碍口语能力的发展。

（4）过分强调教师的指导和讲解作用，忽视学生的主体性，不利于语言习惯的形成和能力培养。

（5）教学方法单一，侧重于死记硬背，导致课堂气氛沉闷，难以激发学生兴趣。

（6）忽视语言教学中的文化因素、语言运用的内在规律以及语言在不同情境中的使用规律。

尽管语法翻译法存在诸多不足，但由于其实施简便，目前在英语课堂上仍被广泛采用。

二、情境教学法

（一）情境教学法的定义

情境教学法（Situational Approach）指的是教师根据教学内容，运用实物、图片、电教设备、动作表演以及学生的实际心理状态，引导学生根据具体情境进行交际学习，面对复杂多变的情境做出独立判断和灵活应对的一种教学方法。其核心在于唤起学生的情感体验，通过在教学过程中有意识地引入或创设以形象为主、带有情感色彩的生动具体场景，以此引起学生的情感反应，帮助学生理解教材，促进心理机能的发展。

情境教学法的基本步骤包括：呈现情境，进行语言学习；以听力和口语为先，进行反复练习；通过书面练习，巩固语言结构。在整个教学过程中，教师不仅是语言学习的榜样，还是教学活动的设计者和指导者。作为语言学习的榜样，教师需要用正确、地道的英语来创设学习情境，成为学生模仿的典范。作为课堂活动的设计者和指导者，教师需要组织和控制所有课堂活动，同时观察学生的错误，并考虑如何在后续课程中设计教学以帮助学生纠正错误。

在情境教学法的课堂中，英语是教学的主要语言，教师使用英语来组织教学、解释语言点和布置作业。然而，在解释某些难以理解的语言词汇或结构时，教师也可以使用母语，但不鼓励学生在课堂上使用母语。

（二）情境教学法的原则

1. 学生的主体性原则

学生的主体性原则强调两个关键点：一是建立良好的师生关系，二是确立学生在教育过程中的主导地位。情境教学法的基石在于良好的师生关系，这种关系在教学过程中至关重要。教学本质上是一种特定情境下的人际互动，情境教学法更是强化了这一点。只有当师生之间建立起相互信任和尊重的关系，教师能够真正地以理服人、以情感人时，才能确保前文提到的信息交流渠道的畅通。这要求教师深入理解学生，学生也同样需要了解教师，双方形成一种心照不宣的默契。学生在教学过程中的主导地位意味着教师应鼓励学生独立思考和自我评估，培养他们的主动性和创新精神。这一原则要求教师在情境教学中从学生的实际出发，使他们在完成学业的同时，也能获得如何做人的经验。教学活动的开展必须建立在学生积极参与、主动探索和快乐学习的基础上。

2. 轻松体验原则

在情境教学法中，教师应创造一个轻松愉快的学习环境和氛围，引导学生提出问题并激发他们的思维和想象力，以寻找答案并区分对错。这一原则强调学生思维的过程和结果同等重要，目的是让学生感受到思考和发现问题是一种乐趣，而不仅仅是一种被迫的行为或负担。

3. 意识与无意识统一、智力与非智力统一原则

情境教学法有效实施的两个基本条件是意识与无意识的统一，以及智力与非智力的统一。在学习过程中，人们一方面需要集中思维，培养勤奋和钻研的态度；另一方面，也需要激发兴趣、愿望、动机等无意识的潜能，因为这些因素对智力活动具有显著的促进作用。在教学过程中，教师应将学生视为理性和情感并存的个体，不应只是简单地告诉他们要努力和刻苦，而应通过多种方式调动学生身心各方面的潜能。也就是说，教学应保持处于一种集中精神与轻松状态并存的环境。学生在学习中保持适当的放松，将有助于取得更好的学习效果，这也是情境教学法所追求的理想境界。

（三）情境教学法的应用

1. 情境设计的要素

语言学习与特定的社会文化背景，即情境紧密相关。通过利用现实情境中的场景，学生能够将原有的认知结构中的经验与知识与新学习的内容相结合，将新知识融入已有的认知体系。因此，在英语教学中，教师应致力于创造能够激发学生积极参与的真实学习情境。情境设计通常与以下几个要素有关：

（1）相关示例

为了让学生理解和解决问题，他们需要有一定的经验，并能够构建相应的心理模型。教育者应提供一系列相关的示例，即学生可能参考的经验，以填补他们认知结构中的空白，为解决当前任务提供参考。同时，为了培养认知的灵活性，提供的示例应涵盖多种观点、思路和视角。

（2）学习任务的展示

教师在呈现学习任务时，应同时描述任务中问题发生的社会文化背景。问题的展示应有趣味性或吸引力，以引导学生积极参与。此外，教师还应确保在问题展示过程中为学生留出足够的操作空间，并允许他们操纵某些维度，自己做决策。

（3）学生的自主学习设计

建构主义指导下的情境教学法强调学生主动建构知识的意义。自主学习设计是促进学生主动构建知识意义的关键。学生是学习过程的主体，自主学习是实现知识意义建构的内因，而适当的情境是外因，即促进学生主动构建知识意义的外部条件。外因通过内因起作用，学生在适当的情境下通过主动探索、发现，并借助自主学习活动，完成知识意义的建构过程。

（4）教师的指导

建构主义认为学生是知识意义的主动建构者，是信息加工的主体。同时，教师是教学过程的组织者、指导者和协调者，对学生的知识意义建构起促进作用。在设计促进学生主动建构知识意义的情境时，教师的指导作用不可或缺。忽视教师的指导作用会导致学习活动变成无目标的盲目探索。

（5）信息资源

在情境设计中，必须确定学生所需信息的数量和类型，以建构问题模型和提出问题解决的假设。提供的信息资源应包括学生可选择的与问题解决相关的各种信息和知识，如文本、图形、图片、声音、视频、动画等，以及通过网络获取的各种相关资源。

（6）认知工具

认知工具是支持和发展学生思维过程的心智模式和设备，通常是可视化的智能信息处理软件，如专家系统、知识库等。由于学生受已掌握知识和感官输入信息能力的限制，对认知资源的获取也受到限制。认知工具能提供组织或呈现各种信息的机制，使学生能够获取、分析、编辑信息，并表达自己的思想。

2. 意义的构建

意义的建构与情境的设计是相互依存的，缺乏真实情境的课堂环境会削弱学生的联系激发，使得学生难以从长期记忆中提取相关信息，从而影响学生对语言输入的意义建构。情境教学法中意义建构的方法和步骤主要包括以下几个方面：

（1）教学目标分析

在学习过程中，无论是学生的独立探索还是教师的指导，都应以新知识的意义建构为中心。由于每个知识点的重要性及特点不同，需要对所学内容进行教学目标的分析，以此确定当前所学知识的基本内容。

（2）教学结构设计

教学结构设计涉及对教学活动过程的控制与优化，即对师生之间、生生之间互动形成的动态过程的设计。教师应在建构主义学习理论和教学理论的指导下，运用系统观点和动态观点审视教学中的各个环节及其作用和相互关系，形成一个动态的、稳定的教学结构过程。

（3）信息技术辅助作用设计

随着信息技术在教育教学领域的广泛应用，学生的学习资源变得丰富。在意义建构过程中，应充分利用信息技术的辅助作用，确定学习主题所需的信息资源种类及每种资源在学习过程中的作用。如果学生在获取相关信息方面遇到困难，教师应及时提供帮助。

（4）自主学习策略设计

情境设计离不开自主学习设计，意义的建构也同样需要自主学习策略的设计，这是完成意义建构的基础。自主学习策略的目的是帮助学生学会学习，即帮助学生根据学习目的和要求独立选择有效的学习方式。在自主学习策略设计中，元认知策略设计尤为重要，包括对学习过程中所运用的心理过程的选择、学习时的监控和学习后的评估等。

（5）协作式学习活动设计

协作式学习活动设计的目的是为多个学生提供对同一问题用多种不同观点进行观察、比较、归纳、综合的机会，帮助学生掌握知识、运用知识和深化对问题的理解。协作式学习活动不仅有利于教师的主导作用，也有利于学生的自主探索和合作精神的培养。

3. 情境教学中的评价

在情境教学评价中，重点关注以下几个层面。

（1）注重对学生学习进步的持续评估。根据建构主义观点，学习是知识不断建构的过程，因此评价应着眼于学生在学习过程中的持续进步，将评价融入学生的学习经历中，而不是将其视为孤立的考核环节。

（2）评价学生参与学习活动的积极性和成效。情境教学强调学生主动构建知识的过程，故此，考查学生是否积极参与学习活动至关重要。这种评价应围绕学生在课堂上的表现，如聆听时是否专注、是否主动参与课堂互动、是否认真听取教师和其他同学的发言等。评价内容应涵盖学生的知识技能掌握、学习态度、兴趣、自我认识以及学习策略等方面。

（3）评价是基于实际情境的。这意味着评价的背景应当和教学背景一样真实且具有丰富性。学习是学生在特定情境下，运用现有知识经验对新知识进行意义赋予的过程。因此，情境教学中的评价应基于有意义的背景，在真实情境中进行学习成果的评估和讨论。

（4）评价主体与评价方式的多元化。在考虑学生基于个人认知背景对事物的理解各不相同的前提下，对学生的学习成效和过程进行评估时，应采取多样化的评价方法。在评价的主体方面，可以是教师、专业人士，也可以是学生自己。至于评价的方法，应结合传统的基于标准的评价和现代的学习档案评价。基于标准的评价是根据教学目标设定的准则来比较学生的学习成果，以发现其优点和不足。而学习档案评价则是通过搜集展现学生学习过程和进步的资料来进行的，它适用于学生的自我反思、自我评估以及其他形式的外部评估。

（5）评价信息的及时反馈。情境教学法强调对学习过程的评估以及评价结果的即时反馈，这对于学生理解评价的积极影响至关重要。具体而言，在学生评估的每个环节，教师需要先对收集到的信息进行深入分析、整合和解读，然后根据学生的个性，以适当的方式及时向学生反馈所有或部分信息。通过这些反馈，学生能够迅速认识到自己的不足，并在教师的指导下不断调整和优化自己的学习方法。

三、交际型教学法

（一）交际型教学法概述

交际型教学法起源于20世纪70年代初期，当时，英语作为交际工具的教学方式在国外受到了极大的欢迎。这种教学法的出现与当时的社会历史环境紧密相关。在20世纪60年代，西方发达国家经济迅速发展，国际间的政府及民间交流日益频繁。例如，在西欧，不仅本地居民之间的往来频繁，来自发展中国家的成年劳动力也开始流入欧洲共同市场国家。然而，人们在各种互动中常因语言障碍而受挫。即便是那些学过外语的人，在出国后仍可能无法进行基本的交际活动，这对他们的生活和职业造成了直接影响。因此，迫切需要一种新的语言教学方法来弥补传统教学模式的不足。

从20世纪70年代中期开始，教育语言学和语言教学法领域的实践、理论和研究都集中在了“交际能力”这一核心概念上。这一概念的提出与语言学家乔姆斯基（Chomsky）的“语言能力”概念形成了对比。越来越多的人开始从社会角度审视语言，社会需求与“交际能力”概念的结合催生了“交际语言教学”的理念。随后，这种教学法传入中国，并得到了广泛的应用。

交际教学法是建立在社会语言学和心理语言学理论之上，以交际功能为导向，以培养交际能力为目标的教学体系。它旨在提升学习者的语言交际能力，强调在实际情境中恰当使用语言，执行如解决问题、获取信息、人际交往等交际任务。在交际型教学模式中，教师和学生应专注于如何利用语言实现交际目的和完成交际任务，而不仅仅是关注句子结构的正确性。总的来说，交际型教学法结合了语言的结构和功能，要求教师不仅要培养学生的听、说、读、写等语言技能，还要教会他们如何将这些技能灵活运用于英语交际中。

（二）交际型教学法的原则

1. 以学生为主体原则

交际型教学法注重交际过程和学生交际技能的发展，因此学生成为课堂的核心和主角。教师应激励学生积极参与各类课堂和实践活动。在此框架下，教师承担两项主要任务：首先，营造一个轻松愉悦的课堂环境，让学生在没有压力的情况下练习语言；其次，教师应激发学生的主动性和自主性，鼓励他们在学习过程的每个阶段，包括预习、课堂实践和课后复习，独立思考、发现问题并解决问题。

学生中心原则不仅体现在教师与学生角色的转变上，也体现在教材内容的选择上。这对英语教师提出了挑战，他们需要深入了解学生的不同学习需求和动机，选择适合学生的教材。在必要情况下，教师可以自行挑选或推荐教学材料以适应学生的个性化需求。

2. 以意义为中心原则

在交际型教学法中，强调以意义为核心是至关重要的，因为在任何语言交流中，无论是使用母语还是英语，传达信息的意义总是首要的，而语法的准确性则次要。这一点明显区分了交际型教学法与传统教学法。传统上，教师在课堂上倾向于重视结构主义教学方法，即将句子的词汇、语法和结构作为教学重点。

实际上，这也是为什么许多学生尽管学习英语多年，但在实际交际场合中仍感到无所适从。在课堂上，学生通常是为了学习英语而学习，他们所说的英语句子往往不是为了实现真正的交际目的，而只是展示他们对语言形式的掌握。因此，即使学习多年，他们可能仍然无法说出一句基本的日常用语。这意味着学生在课堂上学习的是语言形式的用法，而不是语言的真正应用。

在交际型教学法中，教师应避免不断指出学生的语法错误，而应更加宽容地对待学生的错误。教师应理解，学习过程，包括语言学习，都是在不断犯错并逐渐改进中发展的。如果学生能够流畅地表达自己的观点，教师就没有必要立即纠正他们，而是应该帮助他们发现并改正错误。值得注意的是，以意义为中心的教学强调语言与当下情境的融合。任何对话都发生在特定的时间和空间中，有些信息只有交际的双方才能理解。当然，我们强调语言的意义，并不是完全忽视语言形式，毕竟语言形式是语言基础知识，学生需要正确掌握。我们只是强调在交际型教学法的基础上，有意识地培养学生灵活运用语言、重视语言意义的意识。只有这样，学生才能成为语言的主人，而不是语言的仆人。

3. 以任务为指向原则

在语言教学中，教师通过安排学生参与交际活动或分配特定任务，学生就有机会在实践中运用所学语言进行真实交流，这种实践交际有助于他们更有效地学习语言。因此，在交际型教学中，不应仅限于语言本身的学习，或把语言当作一门孤立课程来教授，而应将语言学习融入其他学科的学习任务中，将语言作为一种工具或媒介来掌握其他学科知识。实际上，任务和交际是紧密相连的，以任务为中心的教学可以促进学生之间更多、更真实的互动，同时也能增强学生的积极性和主动性。

此外，任务通常有其具体的背景，学生在完成任务的过程中会不知不觉地提高语言应用能力。以任务为中心的教学还意味着让学生摆脱单一固定的课题，通过参与多种形式的课外活动和任务，如英语辩论、演讲、歌唱等，学生可以培养和提升自己对语言的运用和掌控能力。

4. 真实性原则

真实性在交际型教学法中指的是教学材料和教学大纲的本质，即教师在课堂上应使用未经加工的原文作品，而非人为修改过的语言。换言之，交际型教学法强调在真实的或类似真实的语言环境中学习和使用语言，这有助于提升学生实际运用语言的能力。

交际型教学法中的真实性包含两个层面：

（1）教学内容的真实性：为了培养学生的交际能力，教学内容应尽可能贴近学生的生活实际。因为书面语在实际生活中的使用较少，或难以遇到，基于这种内容的外语教学不利于学生交际能力的培养。因此，交际教学法设计了基于任务、解决问题和专题的语言活动，让学生有目的地掌握语言功能，并习得交际能力。

（2）教学环境的真实性和语言实践环节的模拟性：利特尔伍德指出，交际法让我们更清楚地认识到，仅仅教会学生掌握外语结构是不够的，他们还必须在真实环境中学会将这些结构用于交际功能。在英语教学中，积极创造语言交际环境，让学习者在交际活动中掌握语言使用能力，是体现交际性原则的关键。

交际型教学模式依赖交际活动，教师和学生应在活动中共同营造真实氛围，使用真实语言进行交流，而非仅仅为了练习某个句型或语法。

交际型教学法不仅要求学生使用真实语言，还要求他们的表达具有创造性和不可预测性，即语言形式要丰富多样，不仅仅是为了展示对语言知识的掌握。此外，交际活动的角色应真实，教师应鼓励学生融入所扮演的角色，让他们对交际充满愿望和期待。

（三）交际型教学法的应用

1. 设计交际活动

在交际型教学法的课堂中，应设计旨在强化语言功能特性的交际活动。这些活动的目标在于激励学生尽可能地利用已掌握的目标语言知识体系进行有效的交际，如解决问题或交换信息。具有功能交际特点的活动主要包括以下几种：

（1）描述活动：教师引导学生对具体事物或事件进行描述，旨在让学生学会如何以段落形式使用和理解目标语言。例如，教师可能要求学生描述自己的城市、学校或有趣的经历。这种活动不仅能提高学生的语言能力，还能锻炼他们的逻辑思维和组织能力，有助于更好地进行交际。

（2）猜词活动：学生需要先掌握句子结构和灵活运用，这是培养交际能力的基础。教师可以通过猜词活动为学生提供口头练习英语的机会。具体做法是，一名学生站在黑板前，另一名学生写下大家熟悉的单词，全班同学用英语解释这个词，让站在黑板前的学生猜测单词的拼写和意义。这类活动是提高学生口语的有效方式。

（3）简短对话活动：交际能力的发展在很大程度上依赖于学习者进行简短对话、表达情感的能力，如讨论各种话题，如天气、交通、赛事、度假等。这些看似简单的对话对于营造社交氛围至关重要。

在对学生交际能力进行评价时，教师设计的交际活动应结合功能和社会特征，评价也应考虑这两个方面。功能和社会因素的评价并不是孤立的，而是综合体现在对学生整体交际能力的评估中。

2. 评价交际能力

在学生完成交际活动并实践之后，评价他们的交际能力成为一项重要任务。教师设计的交际活动既包含功能性也包含社会性特征，因此，对学生的交际能力评价也应该从这两个方面进行。功能性和社会性的评价并不是独立的，而是应当整合到对学生整体交际能力的评估之中。

（1）对文化背景知识的评价

在评价学生运用目标语言的得体性时，首先要考虑的是交际话题的选择，这反映了目标语言文化背景知识所定义的得体性。在不同文化中，某些被视为隐私的话题可能会被公开讨论。例如，在中国文化中常见的一些话题在其他文化中可能被认为是不恰当的。如果一个中国人问一个外国人“你结婚了吗？”“你多大了？”“你要去哪里？”等问题，这在英美文化中可能被视为是不礼貌的行为。

其次，目标语言的恰当使用还取决于交际者之间的关系以及交际发生的具体语境。例如，“你叫什么名字？”虽然语法上没有错误，但在打电话询问对方身份时，更得体的表达方式应该是“请问是哪位打来的电话？”。

（2）对文化背景知识掌握的评价

在培养学生交际能力的过程中，掌握目标语言的文化背景知识是至关重要的。这不仅帮助学生更得体地使用语言，而且能够让他们了解语言表达方式的得体性是由该语言母语者的社会文化习惯所决定的。因此，学生在交际活动中应当学习和掌握这些文化规则。

在考查和评估学生对文化背景知识的掌握情况时，教师可以提供包含文化误解的交际场景。这些误解可能会引起母语者的负面情绪，教师可以让学生识别问题并予以纠正。通过这一过程，教师能够观察和评估学生对文化规则的理解程度，并及时提供指导性的知识，帮助学生了解和掌握在目标语言文化背景下的社交知识和技巧。

此外，教师还可以将目标语言文化与学生的母语文化进行对比，这样做既能够加强学生对母语文化的理解，也有助于在两种文化之间建立平衡，从而帮助学生未来能够更有效地进行跨文化交流。

（3）对约定俗成的表达方式掌握的评价

语言中存在着许多约定俗成的表达方式和用法。如果学生不熟悉这些，即使他们的语言符合语法规则，也可能在交际中遇到困难和尴尬。例如，在表达时间时，可以说“两点五十”或“差二十分三点”，而不应说“三减去二十”或“两点半后十分钟”。在问候时，英语中通常使用“How are you?”，而不采用“Are you well?”或“Are you in good health?”等表达。在英语的社交场合中，必须使用某些特定的短语，如在请别人先进房间时说“After you!”，在偶遇久未谋面的熟人时说“How nice to see you!”等。这些主要是句型和语法上的约定俗成，但英语中也有许多词汇的约定俗成表达方式。例如，“Check, please.”这一表达只在餐馆结账时使用。

在英语教学中，这三个方面的评价是相互关联的，缺一不可。只有当学生掌握了这些方面，才能培养他们的文化得体意识，这是交际能力的关键组成部分。

第三节 英语教学法的发展

一、英语教学法的发展趋势

我们之前讨论了多种教学方法，但实际应用于教学中的方法远不止这些。而且，即使我们找到了所有的教学方法，也无法解决所有的语言教学问题。构建一种万能的语言教学方法是不现实的。因此，一些西方学者提出了“后方法时代”的概念，主张与教学方法的概念决裂。在我国英语教学理论界，也有人认为应紧跟这种观点，不要过于执着于教学法，而应进行超越教学法的课堂过程研究，否则就会落后于时代。

然而，实际情况并非如此。笔者认为对教学方法的研究正进入一个新的历史时期。为了寻找适合新时代的教学方法，西方学者正在拓展新的研究方向，从不同角度和层面进行探究。与以往的英语教学研究不同，20 世纪 80 年代以后的研究开始从宏观走向微观，从一元走向多元，从单层走向复层。例如，认知法在 20 世纪末得到了进一步发展，任务法已逐渐成为一种具有全球影响力的教学模式。在我国，除了全日制义务教育和普通高级中学英语课程标准曾倡导任务型英语教学外，当前的英语教学理论界也在积极响应，相关文章和专著纷纷出版。由此可以看出，对教学法的探究并未终止，只是某些探索方法已经过时，而非教学方法本身。

从上述方法的发展趋势中，我们可以隐约看到一条从传统的古典人文主义到科学主义再到现代人文主义回归的轨迹。其中，古典人文主义的代表是语法翻译法，其教学目的是培养人的素质和智力。19 世纪下半叶，随着斯威特等欧洲应用语言学家和语言教育专家的理论的提出，语音学的崛起，国际语音学会的成立和国际音标的制定，直接法开始以科学的名义诞生；行为主义心理学与结构主义语言学的结合使得听说法问世；认知法反映了以乔姆斯基为代表的认知心理学和转换生成语法；而交际法则是基于社会语言学、语用学等新一代边缘语言学的理论。这些方法的科学理论指向的或者是语言学习的客体，或者与该客体密切相关，代表着人们在探索外语教学的过程中走过的以客体为中心的科学主义道路。任务法作为交际法的一种演变形式，可视为这种探索的成果之一。

此后，沉默法、暗示法、社团法、自然法、协作法、整体法等都或多或少地将目光转向了学习者本身、学习过程、学习条件、学习环境、学习情感、学习策略、学习者之间的合作等，开始了以学习主体为中心的人文主义回归。正是这种以学习主体为中心的现代人文主义思潮，使得各学者对外语教学积极进行多角度、多层面的探索。

社会在不断发展，历史在不断演变，人们对新的教学方法的探究永远不会终止。教学方法的研究有着深刻的社会实践背景。新的教学方法之所以产生，有其客观原因。斯特恩将这些原因归为以下三点：

（1）社会经济、政治或教育形式的发展变化，对教育提出了新的要求。

（2）语言学理论和有关语言学习的心理学研究的新发现，促使新的教学方法的产生。

（3）语言教师的各种经验、感觉和观点，也会促使新的教学方法的产生。

只要以上原因存在，新的教学方法就会不断产生。而且，由这些原因引发、推动的教学方法理论研究也将持续不断，并不断发展。

二、英语教学方法的选择

英语教学历经古今中外积累了丰富的教学方法，随着教育改革的不断推进，新的有效教学方法持续涌现。这些方法各具特色，性能和特点各异。在实际教学中，教师能否恰当选择教学方法，是影响教学成效好坏的关键。经验表明，教师应基于科学依据，全面考虑教学相关因素，选择适宜的教学方法，并合理组合，以实现教学效果的最优化；反之，若教学方法选择不当或随意使用，可能会对教学产生负面影响。

为选择最佳教学方法，需遵循以下五项基本原则：

（1）总体把握原则：在选择教学方法时，教师应从教学内容出发，全面理解教学目的、任务、内容的性质和特点，以及每节课的重点、难点和关键。

（2）师生共明原则：在选择教学方法时，教师需考虑学生的接受程度和自身对教学方法的掌握程度，以实现师生双方的可接受性、利用可能性与教学方法高效结合的最佳状态。

（3）“双效”统一原则：在选择教学方法时，教师应追求教学效果和教学效率的统一，考虑方法能否带来最佳效果和最高效率。

教学方法的选择应追求方法与效果的统一。教师在使用教学方法时，应评估其效能、效益和结果。教学方法与教学效果统一，表明方法有效；否则，需重新考虑。教学方法多样，但往往以一两种为主，因此教师应选择能带来最佳效果的方法，实现方法与效果的高度统一。

然而，仅关注教学效果是不够的，还应考虑教学效率。有时，即使教学效果良好，但若教师和学生投入了大量时间和精力，以及较高的物质消耗，从教学效率角度看并不理想。高效的教学方法应在投入较少的时间和资源的同时，获得优良的教学效果和较高的教学效率。实现“双效”统一，即可达到教学方法的最优化选择。

此外，教学方法的选择还需考虑学校的教学条件。即使是相同的教学内容和对象，由于各学校环境和设备条件的差异，教学方法的选择也应有所区别。

第四章　高校英语文化教学

语言是文化的载体，构成文化不可分割的一部分，因此，在掌握一门语言的同时，也需深入了解其蕴含的文化内涵。目前我国基础教育阶段的英语教学大纲已经明确指出这一点，英语教学不仅涵盖英语语言技巧和知识这两个核心部分，而且进一步细化为五个具体方面，包括语言技能、语言知识、情感态度、学习策略以及文化意识。显然，文化意识已被提升为英语能力培养的关键目标之一，并在英语实际应用中占据重要地位。因此，文化教育不仅是英语教学的应有之义，更是其不可或缺的组成部分。

第一节　文化教学简述

一、文化教学的含义

在外语教学中强化文化教育意味着在教学中融入该语言所在国家的文化背景、文化知识和语言中的历史文化。文化教学不仅涉及语言交流中的文化知识，还包括引导学生探索母语与外语之间的文化差异和相似之处，以增强学生对不同文化差异的敏感性，并将这种敏感性应用于实际跨文化交流，从而提升交际能力。我国《英语课程标准》明确指出，应在英语教学中拓展学生的文化视野和语言视野，培养学生的跨文化交际意识和能力。这表明，学生的文化意识受到了极大的重视，并被教育部门明确提及。培育和提升学生的文化意识不仅是英语教学的重要内容，也是教学目标之一。教育部门在英语教育标准中详细阐述了培育和提高学生文化意识的具体要求。

具体来说，文化意识是指外语学习者对所学语言文化的认识，包括对该文化下人们的普遍信仰、社会价值观和社会规范的感知与理解。根据对目标语言文化了解的深度，文化意识可分为四个层次：（1）第一个层次是学习者在学习外语时感受到其中的文化，但未能准确理解；（2）第二个层次是学习者在深入学习语言后，感受到自身文化与目标文化之间的差异和冲突，并能够识别这些差异，但仍未能完全理解；（3）在第三个层次，学习者能够通过理性分析深入理解两种文化的差异和冲突，以及各自的文化特点，并运用所学理论知识从认知角度理解文化差异；（4）在第四个层次，学习者通过深入学习和分析，能够体验并逐渐适应所学语言的文化，学会从该文化的视角思考问题。

根据前述文化意识的层次划分，文化教学主要涉及两个层面。

首先是文化知识层面。这包括学习者的日常生活、思维模式、价值观念等方面的目标语言文化知识，即学习者所学习的语言中所包含的文化内容。文化知识涵盖广泛，体系复杂，具体涉及历史、地理、艺术等多个方面，但在英语教学中，学生所需掌握的文化知识并不需要如此复杂，只需了解目标文化中的某些文化现象。

其次是文化理解层面。20 世纪 90 年代，外语教学界在文化知识传授的基础上，提出了文化理解的要求。文化理解指的是学生理解和感知中外文化差异的过程和能力。具体来说，这包括对文化内容和含义的理解，以及对学生所学文化知识和文化内容的态度。学生应持客观态度，将目标语言文化视为客观存在，认识到文化本身无好坏之分，只是文化内容有优劣之别。在对待异国文化时，应保持客观和宽容，避免狭隘的民族主义，不拒绝或歧视异国文化，并且在理解过程中，不应以自己的文化标准去衡量异国文化，也不应以自己的道德观念和价值观去评价异国文化。在学习目标语言文化时，不应摒弃自己的文化传统，而应通过科学的态度和方法深入比较两种文化的异同，以便在两种文化的交流中游刃有余。

教师在外语教学中应注重文化引导，做好文化教学工作。一方面，教师要帮助学生正确理解外国文化现象和文化知识，既将外国文化视为与本国文化平等的主体，又承认两者之间的差异，并认识到对文化的理解没有绝对的答案，学生可以有不同的理解。另一方面，教师要让学生认识到，本国文化知识是理解外国文化的基础，如果学生对本国文化缺乏认识，就很难在英语文化教学中实现文化理解。有人认为，只有正确理解外国文化，才能理解外语并恰当地使用外语，因此学习外语与本国文化无关。实际上，在文化教学中，能否正确理解外语并恰当、得体地使用外语，在很大程度上取决于对本国文化与外国文化差异的了解程度。了解本国文化不仅有助于我们更深刻地理解外国文化，提高对外国文化的鉴赏能力，还能使我们更准确、深刻地认识两者的异同，最终提高对外国文化的敏感度。

综上所述，文化理解是在文化学习过程中发生的，学生不仅要了解目标语言文化的内容，还要深入理解，将文化理解融入自己的行为和言谈中，建立和强化自己的文化意识。因此，掌握文化知识只是学习文化的起点。文化教学应以提高学习者的交际能力为目标，从掌握文化知识出发，培养文化意识，最终实现文化理解。

二、文化教学的重要性

众所周知，语言是人际交流的重要工具，掌握语言的根本目的是交际。然而，随着国际交流的日益深入，仅凭语言能力进行跨文化交际已经不够，社会对语言学习者的要求也在提高。语言学习者不仅需要学习语言的基础知识和基本形式，还必须了解并掌握目标语言的文化，同时具备将目标语言文化融入跨文化交流中的能力。在与以英语为母语的国家如英美的人交流时，英语母语者通常会对非英语母语者在英语表达上的语法错误、发音不准确等问题表示理解，但他们不会对文化交际中的失误予以宽容。许多英语母语者认为，如果对方能够流利地说英语却犯下文化错误，那么对方可能被视为不礼貌、不友好，甚至是有意挑衅或抱有敌意。因此，在现实的文化交际中，文化语用失误可能会带来严重的后果，甚至造成重大损失。

因此，重视英语教学中的文化教学至关重要，开展文化教学的意义主要体现在以下几个方面。

（一）避免不恰当的社交语用

在实际的社交互动中，首先要注意的是对人的称呼和问候，恰当而礼貌的称呼和问候方式能够给人留下深刻的印象。社交语用失误经常出现在称呼和问候中。对某人的称呼应依据具体的交际场合来决定。如果交际场合非常正式，那么对对方的称呼也应该采用正式的方式；如果是在非正式的社交场合，或者交际双方关系较为亲近，那么可以使用更随意和亲密的称呼。交际中常用的称呼方式主要有以下几种：

第一种，职称 + 姓氏。这是一种较为正式的称呼方式，适用于正式的交际场合。男士通常用 Mr. 作为头衔，而女士的称呼则与其婚姻状况有关，通常已婚女士称为 Mrs.，未婚女士称为 Miss.，对于婚姻状况不明的女士可以使用 Ms.。需要注意的是，许多女士并不希望透露自己的婚姻状况，因此更倾向于被称为"Ms. + 姓氏"。

第二种，职务称谓。在英语中，有些词汇表示职务和职称，也可以用来称呼他人，如 professor、doctor、nurse 等，这类词汇并不很多。此外，某些职业称谓在交际中使用可能会显得不礼貌，如 waiter、conductor 等。在正式场合，使用 Sir 和 Madam 作为尊称是常见的，它们通常单独使用，表达敬意。

第三种，直接使用对方名字。这种方式适用于非正式的交际场合，通常双方关系较为简单且密切。例如，以 Michael Wood 为例，他的家人、同事和子女可以直接称呼他为 Michael 或 Mike。这种称谓比较随意和亲切，是西方人非常喜欢的称呼方式。

第四种，省略称谓。省略称谓即不使用任何称谓，适用于无法确定对方名字和职务的情况，为了避免称呼错误，人们通常会省略称谓。例如，陌生人之间可以用"Good Morning!"作为问候。

（二）避免文化失误

文化差异显著地影响人们的思维模式和行事风格，这在日常交流中往往是不自觉发生的。例如，中国人以热情好客著称，乐于向新来的人提供友好的建议和提醒，如果对方是中国人，他们通常会感到高兴并表达感激；然而，如果对方是西方人，他们可能就不会那么高兴了，因为西方人可能会将这视为对其判断力和智商的质疑。在表达对他人健康的关心时，中国人习惯使用带有劝告性质的语言，如"你应该多穿点衣服"。但英语母语者通常不喜欢这种表达方式，他们会觉得这像是家长对小孩的训斥，在社交场合中会感到不自在。

又如，西方人习惯对他人的成就表示赞美，如果对方也是西方人，他们会自然地接受并表示感谢。而中国人面对赞美时，往往会表现出过分的谦虚，这让西方人可能会感到困惑。中国人通常用自谦的语言回应赞美，如“不，一点也不”，这与西方人习惯的回应方式“非常感谢”大相径庭。

在跨文化交流中，文化误解往往反映了语言学习者自身文化的特点，这些行为和做法并非完全错误。然而，为了更有效的交流，教师应引导学生研究和探讨目标语言文化与自己母语文化之间的差异，以便在跨文化交流中做出更恰当的反应。

（三）避免不同价值观的冲突

中西方人存在着显著的价值观差异，这在交流过程中可能会导致观念上的冲突。

在中西交流中，西方人可能会遇到这样的情况：一些中国人会不自觉地询问他们觉得非常私密的问题，这让西方人感到难以理解。西方人的交流习惯与中国人有很大的不同。在西方，除非是亲近的家人或非常好的朋友，否则人们通常不会在对话中涉及职业、收入、家庭成员等话题，因为这些问题被认为是私人的。此外，中国人在见面时可能会习惯性地询问对方的目的地等，这在西方人看来也是不应该直接问及的。比如“你要去哪里？”“你打算做什么？”这类深入的问题在西方人看来是非常不礼貌的。

在西方，个人的收入或某物的价格被视为私人话题，不应随意询问。即使在家庭内部，成员之间可能也不知道彼此的具体工资数额。这并不意味着家庭成员之间不亲密，而是表明家庭成员之间也应该保持一定的隐私和独立性。当然，夫妻之间通常会知道对方的收入。同样，直接询问某人购买某物花费了多少钱也是不被接受的。在西方，虽然人们会谈论价格问题，但通常不会直接问及他们购买某物花费了多少钱。这些问题都涉及个人的私人信息，被西方人视为隐私，因此在交流中触及这些问题可能会引起对方的不悦，这是需要特别注意的。

（四）避免文化定式

在任何文化中，都存在着不同类型的人，他们的喜好和社会状态各不相同。因此，在文化交流中应当避免用单一的标准去衡量外国人，要摒弃刻板的文化观念，以客观和公正的态度对待异国文化。

外语学习必须与相关文化学习相结合，这不仅是为了满足当今跨文化交流的需求，也是学习者个人发展的需要。语言学习者只有深入学习目标语言的文化，才能减少母语负面迁移的影响，才能在实际应用中避免语用错误。许多学生认为，只要掌握了语言知识和技巧，就能在社会上的英语职位上胜任工作，这是不正确的。语用错误的发生与语言水平的高低并不成比例。在语言学习的过程中，无论处于哪个阶段，都需要融入相应的文化教育。语言学习者只有将语言学习与文化学习相结合，才能在脑海中建立起文化认知体系，从而真正提高自己的语言水平。

三、英语文化教学的意义

随着社会的发展，语言学习者需要具备一定的文化素养，仅仅掌握语言技能已经不足以满足现代语言工作的需求。因此，在学习过程中，语言学习者应当注重文化知识的学习，以提升自己的文化水平。在高校英语教学中，应当融入文化教育，发挥文化教学在培养高素质英语人才中的关键作用。文化教学的重要性主要体现在以下几个方面。

（一）有利于人才的全面培养

随着社会的持续进步和科技的不断进步，教学改革也在不断推进。在 21 世纪，高校外语教学的重要任务之一是培养具有全面素质的人才，提升学生的综合能力。学习外语不仅涉及这种语言的基础知识和技能，以提高交际能力，还包括了解这种语言所承载的文化。教师在教学中应引导学生客观和科学地比较母语文化和目标语言文化，通过分析让学生对英语文化有全面的理解，从而能够从新的视角审视本国文化，并将这种理解应用到中英交流中。那些既掌握语言基础知识和技能又有一定文化素养的学生将更具竞争力，也更有国际视野，能在国际经济交流中发挥桥梁作用，促进国际交流与合作。

在开展文化教学时，英语教师应注意平衡中西文化在学生心中的地位。教师应深入介绍西方文化，让学生对两种文化的优秀之处有所了解，同时也要适时地传播中国文化的精髓，引导学生通过理解异国文化来加深对本国文化的认识。这样，学习者在国际跨文化交流中才能更好地适应不同的文化环境，也能在交流中恰当地展示中华民族的优秀文化，为世界文化的多样性和繁荣做出贡献。

（二）文化教学是语言教学的一部分

社会持续向前发展，科技进步日新月异，教育改革也在不断深化。在 21 世纪，高等教育外语教学的关键目标之一是塑造具有全面能力的人才，提高学生的综合素质。外语学习不仅涉及语言的基本知识和技巧，以增强沟通能力，还涉及对该语言所反映的文化内涵的理解。教师应当引导学生以客观和科学的态度对比分析母语和目标语言的文化，通过深入的教学分析，使学生全面理解英语文化，从而能够以新的视角审视自身文化，并将这种深层次的理解应用到中英交流实践中。那些既掌握了语言基础知识和技能，又具备一定文化素养的学生，将更具竞争力和国际视野，能够在国际经济交流中扮演重要角色，推动国际交流与合作。

在进行文化教学时，英语教师应当注意在学生心中保持中西文化的平衡。教师应深入讲解西方文化，让学生了解两种文化的精华，同时也要适时地弘扬中国文化的核心价值，引导学生通过理解外国文化来加深对本土文化的认识。这样，学习者在国际跨文化交流中能够更好地适应不同的文化环境，也能在交流中恰当地展现中华文化的优秀传统，为世界文化的多样性和发展做出贡献。

（三）文化教学是提高语言交际能力的关键

语言学习的目的之一是用于交际，但这并不意味着仅仅掌握了语言就能拥有强大的交际能力。在现代社会，越来越多的人意识到，学习语言不仅仅是学习其基础知识和技巧，还包括了解这种语言所承载的文化内涵，如历史背景、社会价值观和风俗习惯等。只有通过这种全面的学习，语言学习者才能真正具备双语的交际能力，避免在交际中出现各种语用错误。

（四）文化教学促进了英语教学的改革和发展

在中国传统的英语教学中，重点往往放在语言的基础知识和技能上，而忽视了文化知识在语言学习中的重要性。随着社会的进步，英语教学改革也在不断深化。随着英语课程的改革，英语教学也经历了显著的变化。

虽然在传统的英语教学中，文化教育并没有得到足够的重视，也没有成为正式的教学内容，但文化的因素始终贯穿于英语教学之中。无论学习者的能力如何，他们在学习语言的过程中都会受到文化的影响。不同语言的人会受到各自语言的影响，其思维方式和逻辑结构也会有所不同，价值观念也各有特点。在英语教学中，教师引导学生学习英语文化，有助于拓宽学生的视野，引导他们从不同的角度观察不同的文化和世界，从而对世界有新的认识。文化教学还有助于培养学生对不同文化的敏感性，增强他们的文化认知力，提升文化比较能力，使他们在跨文化交流中具备更强的反应力和理解力。

在英语教学中，引入文化教学不仅有助于激发学生的学习兴趣，提高他们的学习积极性，还能带来教学方式和内容的多样化。这样的英语课堂更加生动活泼，学生学习英语基础知识和技能的主动性更强，教学效果也会更高，同时也能激发教师的工作热情。

（五）文化教学有助于提升教师素质

实施文化教育的先决条件是教师本身需要具备一定的文化素养，并且对英语文化有深入的了解，这对教师的文化修养提出了更高的标准。

由于传统英语教育的影响，英语教师往往专注于语言基础知识和技能的教授，而忽视文化教学的重要性。为了培养学生的目标语言文化素养，必须在英语教学中融入文化教学，而教师是这一教学过程顺利进行的关键。教师需要广泛阅读与目标语言文化相关的书籍和资料，不断提升自己的文化知识水平。这样才能有效地向学生传授文化知识，回答他们关于目标语言文化的各种问题，并解决他们在学习目标语言文化时遇到的难题。

（六）文化教学促进国际交流与合作

英语教学的一个目的是培养能够进行跨文化交流的人才，这些人才在国家政治、文化交流中扮演着重要角色，或者能够促进国际经济交流和合作。在21世纪，全球化趋势日益加深，国际交流变得更加频繁，国家的繁荣与发展需要专业的英语人才贡献力量，全球文化的交流与繁荣也需要英语人才作为桥梁和纽带。因此，作为跨文化教学关键部分的英语教学，必须从语言、社会、文化的整体性出发，将文化教学融入其中，并在英语教学的教材、目标体系、教学大纲等方面体现出来。

第二节 文化教学的内容、目标与原则

一、高校英语文化教学综述

自20世纪40年代起，众多学者开始研究文化在语言教学中的影响，其中弗里斯（Fries）和其学生拉多（Lado）的研究尤为著名。弗里斯主张，语言教学中的文化教育不应被视为次要部分，而是应将包括民族文化在内的目标语言文化意识的培养纳入语言教学目标之中，且在语言学习的各个阶段都应涉及文化元素。拉多则认为，要真正掌握一门语言，必须深入学习该语言所属的文化，并掌握其文化规范。拉多还将文化教学分为三个层次。

（1）初级意义单位：不同语言和文化具有不同的意义单位。教师在讲授语言知识时，应强调与词汇或句子相关的文化内容。

（2）假设定式：这是指人们对所学语言背后文化的固定印象或刻板观念。教师应引导学生用科学、客观、宽容的态度对待目标语言文化。

（3）伟大成就：教师可以讲述目标语言文化中的英雄事迹，激发学生对文化的兴趣。

交际法的兴起使得语言学家海姆斯基于乔姆斯基的“语言能力”提出了“交际能力”的概念，强调语言和文化在交际中的重要性。交际法教学完全按照所学语言的内容进行，便于教师在教学中融入文化因素。跨文化交际学的发展使学者们意识到跨文化交际能力在英语教学中的重要性。文化错误的

后果可能比语言错误更为严重，因此英语教学必须让学生了解所学语言背后的文化。

专家学者对文化教学进行了深入研究，克拉姆契提出文化学习不仅限于目标语文化，还应传授多元化文化，并加深学习者对自己文化的理解。莫兰将文化教学视为语言教学的重要组成部分，关注学生和文化发展的作用。杜斯特伯格在此基础上强调了母语文化在语言学习中的重要性，认为教师在教学中具有不可替代的作用，应充分发挥导向作用。

文化教学的内容从关注目标语文化转变为两者并重，关注的对象也从学生扩展到学生在文化发展中的作用。教师在英语教学中开展文化教学，不仅要让学生了解目标语文化的内容和意义，还要让学生意识到两种文化的差异，教导学生以宽容、客观的态度对待两种文化，以促进更好的交流和文化的交融发展。语言学者将文化教学分为言语文化、非言语文化和交际文化三个部分，这样的分类对文化和语言研究有重要促进作用。教师在日常教学中应引导学生用科学的方法进行对比，以获得更深刻的认识。

二、高校英语文化教学的内容

（一）言语文化

研究言语文化通常从以下三个层面入手：

（1）与语音相关的文化内容

语言具有地域性特征，同一语言在不同地区会有不同的发音特点，这些特点可以揭示说话人的地域背景。例如，英国人和美国人的说话习惯差异显著，美国人说话时鼻音较重，有拖音的习惯，而英国人说话则更为直接。在元音发音上，美式英语中没有 /i:/、/u:/、/e:/ 这三个双元音，而这些双元音在英式英语中是特有的。美式英语习惯在这些双元音后加上 /r/ 音，如将 “beard” 读作 /bird/，这构成了美式英语的独特特征。

（2）与词汇相关的文化内容

语言构成要素包括语音、词汇、语法和文化等，其中词汇与文化的关系最为紧密。文化元素往往体现在语言的词汇中，不同文化背景下的语言会有不同的词汇。因此，研究语言文化需要深入探讨词汇中蕴含的文化因素。例如，颜色词汇在不同文化中的含义不同：在汉语中，“红色”通常与喜庆相关，而在英语中“red”则常与危险信号相关。又如“白色”，在西方文化中与纯洁相关，而在中国文化中则与丧事相关。

（3）与语法相关的文化内容

语法揭示了句子构建的基本规则，包括词语组合成句、句子组合成篇章等方面。不同文化背景的差异也会影响语言的表达方式。通常，英语句子善于使用多种方式连接词语、分句和从句等成分，注重显性接应和句子形式与完整性的保持。而汉语句子则几乎不使用连接手段，注重隐性连贯、逻辑事理顺序和以意义为主导的形态，句子结构相对简洁明了。

（二）非言语文化

1. 举止神态学

该学科专注于研究身体动作和身体语言，如人的眼神、表情等。总体而言，举止神态学主要涉及以下几个领域：

（1）面部表情方面

面部表情是人们传达情感的重要方式，影视作品中的特写镜头便利用这一点来增强观众对角色情感的理解。在实际的语言交际中，面部表情可以强化或削弱谈话内容，同时传达说话者真实的想法和感受。

（2）手势方面

手势在不同文化中的应用各不相同，同一手势在英汉文化中可能代表不同意义，反之，相同的意义在不同文化中可能用不同的手势表达。这反映了非语言交际符号和非言语交际含义的任意性。

（3）姿势方面

姿势是人们通过肢体传递信息的一种形式，不同的姿势往往意味着不同的潜在信息。例如，双肩低垂可能表示承受压力，而双肩高耸可能表示自信或受到重视。

掌握举止神态学对跨文化交际有显著帮助。学习者应关注不同国家的文化差异，并适当强调和对比中西方的体态语言，以更深刻地理解英语学习。

2. 副语言

副语言（辅助语言）指的是伴随话语发生或对话语产生一定影响的有声现象，如语调等。副语言在交际中具有相应意义，如字音拉长表示强调，说话尖酸表示讽刺，压低嗓音表示内容私密，说话结巴表示紧张。此外，哭、笑、沉默、大喊等也是副语言现象。

不同文化环境中，副语言的意义有所不同。例如，在英美国家，沉默可能被视为不礼貌，而在中国的文化背景下，沉默通常代表顺从、赞成等积极意义，有时甚至被视为美德。

因此，了解不同文化间的副语言现象有助于学生更准确地理解说话人的意图。

3. 环境语

环境语涉及文化所塑造的心理和生理环境，包括时间、空间、声音、建筑等方面。这些环境因素为交际提供了信息，从而反映了文化特征。以时间为例，欧美文化强调单一时间，将时间视为一条单向直线，因此在特定时间内只专注于一件事情。这种观念导致欧美人严格遵循时间表，认为时间宝贵，注重效率。相比之下，中国文化认为时间由多个点组成，允许在一段时间内处理多件事务。中国人通常不习惯于制定详细的时间表，更注重随意性和以人为本，完成任务即可，不过分强调效率。教师在教学中应指导学生了解中西方文化习惯的差异，以避免误解。

4. 近体距离

近体距离涉及人们在交流或谈话时与他人保持的空间距离，以及对社会团体如办公室的组织方式。近体距离根据种类和性质的不同，可分为以下四种类型：

（1）私密距离：从接触点到人的距离小于 46 厘米的范围。私密距离较小，因此身体接触在此距离内较为常见。

（2）个人距离：46 厘米到 120 厘米之间的距离。个人距离是人与人之间感到最舒适和自然的距离，适合正常交流和活动。

（3）社会距离：120 厘米到 360 厘米之间的距离，通常保持在与其他人一臂之遥的地方。

（4）公众距离：超过 360 厘米的距离，是所有距离中最安全的。在公众距离内，人们通常不会进行交谈和交流。

不同文化环境下，对近体距离的要求有所不同。例如，在英美国家，人们并肩行走时会保留 3~4 英寸的距离，而在中国，异性之间并肩行走时会保持这样的距离，同性之间则可能会更加亲密，距离更短。

教师在非言语交际文化教学时应注意以下几点：

（1）同一行为在不同文化中可能有不同含义。例如，OK 手势在欧美国家表示“可以”或“好”，在中国则表示“零”；用食指在太阳穴附近旋转的动作在中国代表“要多多思考”，在英美国家则可能表示“这个人疯了”或“这个人太奇怪了”；跺脚在欧美国家可能表示“不耐烦”，在中国则表示“愤怒”。

（2）相同含义在不同文化中可能通过不同行为表达。例如，表示“不知道”或“为难”时，中国人可能会摇头或摆手，而西方人可能会耸肩；初次见面时，中国人可能通过点头、鞠躬表示友好，西方人则可能通过握手或互贴面颊；表示“叫别人过来”时，中国人通常将手心朝下，手指并行弯曲几次，美国人则相反，手心朝上然后食指弯曲几次。

（3）某些动作是特定文化中的特有现象。受传统文化影响，中国人的行为举止有很多讲究，而在西方，人们的姿势通常较为随意。例如，在饭桌上跷二郎腿在中国文化中被视为粗鲁和缺乏修养的行为。

（三）交际文化

交际文化包含了称谓、问候与告别、道谢与答谢、恭维与赞美、委婉语等诸多方面，此处主要介绍称谓、问候与告别和交谈禁忌三种：

1. 称谓

在英语中，诸如 Sir、Madam、Lady、Mr.、Mrs.、Miss、Ms. 等称谓语不涉及职务、年龄或职业的差异。

（1）Sir 和 Madam：Sir 用作“先生”或“阁下”，而 Madam 用作“夫人”“女士”“太太”或“小姐”。这两个词是相互对应的敬称，通常用于指代社会上的男士和女士，且不与姓氏连用，表明的是较为正式的人际关系。

（2）Lady：Lady 与 Madam 含义相同，是对女士的另一种敬称。

（3）Mr. 和 Mrs.：Mr. 和 Mrs. 是一组英语敬称，可与姓氏或姓名连用。Mr. 通常用于称呼没有职称或不清楚职称的男士，语气正式，且表明说话人与被称呼者关系不密切；Mrs. 则通常用于称呼已婚女性，并与丈夫的姓氏或婚后姓名连用。

（4）Miss：Miss 是对未婚女性的称谓，语气较为正式，说话人与被称呼者的关系一般，可与婚前的姓氏连用。

（5）Ms.：Ms. 是对女性的敬称，由 Mrs. 和 Miss 结合演化而来，主要用于不明确女性婚姻状况的情况，以适应西方女性不愿公开婚姻状况的偏好。

2. 问候与告别

（1）问候：在英美文化中，问候通常比较简洁，不同于中国的具体问候方式，如“吃了没？”或“去哪儿？”等。英美人通常只简单地说一句“Hello”或“Hi”。这种问候不太关注对方的回答，回答者也不需要过多考虑如何回应。

（2）告别：英美人在结束交谈或访问时告别，通常是因为他们自己的原因，表明离开并非出自本意，而是出于必要。他们会向对方表达一定的歉意，例如说“I’m afraid I have to go.”告别时，他们还可能对此次交流进行评价，以表明谈话或访问的愉快，例如说“It’s really nice to see you again.”或“I’m very happy to talk with you.”

3. 交谈禁忌

在中西文化之间存在显著的差异，这些差异在跨文化交流时需特别关注。例如，某些在中国文化中被视为无关紧要的话题，在西方文化中可能被视为极大的忌讳。因此，在跨文化交际中，以下几个方面的注意事项尤为重要：

讨论私人话题时。在欧美文化中，人们在日常对话中往往避免涉及私人问题，通常只有与非常亲近的家人或朋友交流时，才会讨论如年龄、婚姻状况等个人隐私问题。

关于谈论健康的话题。我们了解到，“How are you?”通常用作问候语，但根据语境和语调的变化，这句话也可能用来询问对方的健康状况。人们的回答通常会根据彼此的关系和谈话的时机来决定。

三、高校英语文化教学的目标

（一）国外高校英语文化教学的目标

知名学者拉多提出了文化教育对于学生综合素质提升的积极作用。在此基础上，诺斯特朗教授等人构建了理论框架，旨在帮助学生从多个维度分析文化现象。他们认为，经过文化教育，学生应具备以下几种能力：在社交场合表现得体；准确描述和总结文化社会行为；清晰区分不同的行为方式；对特定行为做出合理的解释；在特定情境下，预测某种行为模式的适用性；展现或描述为目标文化所接受的态度。

西利对诺斯特朗的理论进行了进一步的完善，并提出了文化教学过程中的“朝目标”概念，即逐步培养学生的文化理解力、态度和技能，使他们在遇到文化障碍时能够恰当地表达自己。西利还设定了一系列教学目标，旨在提升学生的跨文化交际能力。托马林与斯特姆斯基强调在外语教学中，目的语文化的学习至关重要，并认为文化既是普遍的也是多样的。他们对西利的理论进行了扩展，增加了以下教学目标：让学生认识到人类行为受文化影响；意识到行为还受其他因素（如社会地位、年龄等）的影响；深入了解目的语文化的常规行为；加深对目的语词汇和短语文化含义的理解；提高学生通过实例评价目的语的能力；教授学生查找和整理目的语文化信息的方法；激发学生对目的语文化的兴趣，鼓励他们与当地人建立共鸣。

特别值得一提的是，托马林和斯特姆斯基不仅界定了文化教学的目标，还为教师提供了既生动又能够激发学生兴趣的科学教材，以解决教师缺乏合适教学材料的问题。与其他学者相比，莫兰更加注重文化教学的语言基础和文化教学的演变。莫兰指出，学生只有达到一定的语言水平，才能真正理解和体验外国文化。因此，在外语教学中，文化教学至关重要，它不仅涉及个人文化学习，也关系到社会文化变迁。这表明，外语教学不仅局限于课堂，还与社会发展紧密相关。

（二）国内高校英语文化教学的目标

文化教学的根本宗旨在于培养学生的文化敏感性。鉴于中国学生在不同学习阶段的差异，文化教学的目标和内容也应相应调整。《英语课程标准》参照国际通行的分级标准，将文化教学目标划分为八个级别：

一级目标：激发学生对英语学习中涉及的外国文化产生浓厚兴趣。

二级目标：使学生对外国文化及其习俗有一个基本认识。

三级目标：让学生对跨文化交流中遇到的文化差异有一个初步的、朦胧的认识。

四级目标：使学生在日常生活和学习中意识到中西方文化之间的差异。

五级目标：加深学生对中西方文化差异的理解和认识。

六级目标：使学生能够熟练掌握日常交际中语言的文化内涵和背景知识。

七级目标：基于跨文化交流中的文化差异，形成初步的跨文化交际意识。

八级目标：使学生能够在客观和公正的立场上正确理解和尊重外国文化。

四、英语文化教学的原则

教学活动是一个有机整体，文化教学也不例外，因此，要遵循一定的教学原则。只有这样，教学过程才会有调度依据，并能发挥各个环节的最优作用。

（一）相关性和实用性的原则

在高等教育阶段的英语教学中，文化内容的广泛性及社会生活的多元体现使得教学难以面面俱到。因此，在具体的教学实践中，我们必须注重教学内容的相关性和实际应用性，尤其是那些与学生的生活紧密相连、对跨文化交际具有显著作用的领域，需要教师进行深入的讲解。

同时，教学过程中还需融入与目标语言国家的主流文化相关的内容，以确保学生能够理解并适应该国家的文化规范。鲍志坤在其论文《也论外语教学的文化导入》中强调，文化教学不应只是简单的知识传授，因为它涉及的内容极为复杂。因此，在文化的传授上应当遵循“适度”与“主流”的原则，而这与教学的相关性和实用性原则是相吻合的。为了保持论述的一致性，我们在此将这两个教学原则统称为相关性和实用性原则。顾弘与张燕在他们的研究《论外语教学中的“文化导入”》中进一步阐释了这一点，并提出语言学习与文化学习应当相辅相成，通过文化的视角学习语言，同时通过语言的窗口理解文化。

（二）循序渐进的原则

文化教学的实施是一个逐步深入的过程，需要时间逐步推进，不同的学者对此有不同的见解。

林汝昌提出，在外语教学中，应当考虑三个不同的层次：语言的结构、语言结构中的文化以及语言的语用文化。他指出，这三个层次在文化导入过程中是相互交织的，但在实际教学中，可能会根据具体情况有所侧重。

曹文将文化教学划分为两个层次：文化知识层和文化理解层，并强调了培养文化意识的重要性。他认为，文化知识层的培养有助于学习者掌握观光客式的生存技能，而文化理解层的培养则能够提升学习者的参与者型跨文化交流能力。他还强调了英语教学中文化教学的重要性。

王开玉同样认为文化教育应当具有阶段性，并将其分为文化知识层次的教学和文化理解层次的教学。他认为，文化知识层次的教学主要涉及对知识文化的传授，对交际背景知识的影响较小；而文化理解层次的教学则直接关联到交际背景知识，对跨文化交流能力的培养有着直接影响。

尽管这些研究者在使用术语和表述上存在差异，但他们都认同一个共同的观点，即在高校英语教学中，跨文化教学应当具有阶段性，并且需要循序渐进地进行。

（三）多元互动的原则

苏向丽在研究伊始便对全球的发展格局和动向进行了深入的分析与归纳，并结合自己多年在文化教学领域的经验，提出了一种适应现代社会发展态势、契合社会多元化和跨文化交流需求的教学理念，即采用多元互助原则进行语言文化教学。

她从三个方面阐述了这一原则，涵盖了多元互助教学原则、多元文化互动原则等。她强调，这些原则和教学策略的宗旨在于通过“对比互动”等教学活动，培养学生对文化差异的敏感性，使其在坚守自身文化的同时，也能接纳和尊重其他文化，培养对文化多样性的敏感度和包容性，从而提高学生对文化现象的洞察力。

（四）以理解为目标的原则

这一原则指出，在英语的文化教学中，应当以文化知识作为起点，通过培养文化意识作为桥梁，最终达到文化理解的目标。从之前的讨论中可以明确，文化知识在文化教学中仅是一个起点，关键在于熏陶学生的文化意识，这是实现文化理解的基石。文化理解意味着学生能够理解所学习语言的文化，同时也能够理解自己的母语文化，并在跨文化交流中，其语言和行为都是恰当的，能够与非母语者顺畅交流。

这一原则的提出是响应现代社会对于跨文化交流的需求。在当今世界，不同国家和民族之间的交流日益频繁，文化理解成了国际交流的纽带，只有对自身文化和他国文化都有深刻理解，才能在交流中避免障碍。

在实施文化教学时，教师需要对目标语言进行深入的了解和分析，认清目标语言文化与本族文化之间的差异，并探究其背后的原因。

在文化教学的评价过程中，应重视学生对目标语言文化的理解能力和对目标语言文化的态度。通过探究文化现象的起源，学生可以更有效地学习文化知识。

（五）有序性原则

这一原则主要表现在两个关键方面：

首先，在规划教学内容时，必须体现文化知识本身的逻辑性和系统性。

其次，文化教学活动应当结合学生的当前身心发展状况和文化的逻辑顺序，有序地展开，以便学生能够系统地掌握文化知识，并对目标语言有更深入的理解。

这一原则不仅反映了文化知识体系的内在要求，也体现了教学活动应当遵循学生身心发展的规律。文化知识构成了一个科学的体系，因此，学生在学习这些知识时应当遵循一定的逻辑顺序，并掌握其基本规律。如果忽视了这一点，学习过程可能会变得异常艰难。有序性原则对于文化导入内容的选择和排序，以及具体的教学方法都提出了明确的要求。

（六）理论与实践相结合的原则

这一原则全面反映了学习规律和文化教学的需求。根据这一原则，教师在开展文化教学时，不仅需要向学生传授文化知识，还应模拟实际情境，让学生身临其境地感受文化氛围，从而加深对所学知识的理解并能够将其应用于实践。学习过程通常包括选择、理解、习得和巩固四个阶段，而学习的最终目的是能够运用所学知识。如果教学中仅仅注重文化知识的传授而忽视了实践环节，将难以实现教学目标，学生也难以将所学文化知识应用于实际交流中。

在以往的文化教学中，常见的一个误区是教师过于重视文化知识的传递，而忽略了与实际情况的结合。文化教学往往只是单向地向学生灌输文化信息，导致学生虽然记住了大量的文化事实，但在实际应用时仍然会出现错误。因此，教师必须认识到，传授文化知识的目的是提升学生的跨文化交流能力，因此在教学过程中应当结合实际情境，确保教学目标的实现。

对于英美文化的学习，一般学生会有以下几个过程：

（1）学习文化知识。例如，在介绍中国文化与美国文化在选择话题上的差异时，首先要指出两者的区别，比如在中国文化中常见的话题，在英美文化中可能被视为私人隐私，不宜公开讨论。

（2）进行解释。这一步骤是解释造成这种差异的原因，即由中国人和英美人不同的价值观所导致。

（3）亲身体验。设计一些实践活动，让学生在话题选择上进行实际操作，以此来巩固之前学习的知识，并提升学生的实际应用能力，为将来的交流打下基础。

第三节 文化教学的方法与应用

一、显性文化教学法与应用

（一）显性文化教学法的特征

从人类学的角度来看，文化是“特定群体整个的生活方式”。这种观点对外语教学产生了长远的影响。因此，外语教学从原先的“大文化”教育转变为现在的“小文化”教育。随着文化概念的扩展，如何在有限的课堂时间内有效进行文化教学成了一个挑战。大多数研究外语的学者认为，教学中需要明确区分“大文化”和“小文化”，并在教学中实现这种转变，特别是在语言学习的初期阶段。在这个过程中，文学并未被忽视，因为人类学观点认为文学作品反映了异文化的生活方式，而了解异文化生活方式有助于更深入地理解外国文学作品。

显性文化教学是一种相对独立的语言教学方法，其特点在于直接、系统，并且以知识传授为重点。

在英语教学中，会有意识地融入文化教学。

文化教学的认识融入了人类学和社会学的观点，教学内容也从原来的“大文化”转变为“小文化”。

无论是强调“大文化”还是“小文化”，对文化的认识始终认为是一种知识，教学方式直接、系统，非常明确，并且超出了语言教学的范畴。

（二）显性文化教学法的优势

显性教学法直接阐述国外的文化知识，使得学生在理解上更为直接，减少了误解的可能性，为日后的跨文化交流打下坚实的基础。在汉语环境下学习外语时，显性文化教学法能够节省时间并提高效率。这些知识是独立于语言学习的，学生可以根据自己的需求和进度来学习。

（三）显性文化教学法的缺陷

1. 无法传授所有知识

虽然显性教学法简洁明了，但它无法涵盖所有知识，尤其是文化的深层内涵。由于人们对文化的理解往往是片面的，这种教学法可能导致学生对异国文化的理解过于肤浅，形成文化刻板印象，从而影响文化交流的效果。

2. 语言与文化分离教学

虽然理论上认为语言与文化是不可分割的，但实际教学中将二者分开进行，这不利于文化教学的全面展开。

3. 忽视学生的主观能动性

在这种教学法中，学生往往被动接受知识，缺乏与目标语言文化之间的主动互动。这种方法忽视了学生的主观能动性和思维过程，不强调培养学生对文化进行探究的能力。

（四）显性文化教学法的应用

在中国的文化教学法研究中，通常有两种教学模式。第一种模式是在语言课程中不涉及文化内容，而是单独开设文化课程，例如“英美概况”等。这些课程系统性地直接传授英语国家的历史、地理等文化知识。第二种模式是将文化知识融入语言教学中，介绍与学习语言相关的文化要点。廖光蓉将英语专业基础阶段的“文化导入”内容总结为几个部分，如表 4-1 所示。

表4-1　英语专业基础阶段“文化导入”的内容

主要方面	具体内容
知识文化	1. 基础阶段阅读教学导入的主要内容包括物质生产成果、生产力发展、科学技术。 2. 语言以及一些著名文学艺术作品。 3. 历史、政治等常识和当代社会情况。

续表

主要方面	具体内容
词语的文化背景	1. 源自文学典故的词语。 2. 英汉基本意义相同但派生意义差别很大的词语。 3. 文化含义不相同的词语。 4. 英汉理解意思相同但感情意义、比喻及联想意义不同的词语。 5. 体现文化内容的成语、俗语、谚语、格言等。
话语、语言结构蕴含的文化因素	包括上面的知识文化和词语的文化背景等方面的内容。
非语言形式的文化背景知识	1. 手势。 2. 姿态。 3. 体距等。
干扰交际的文化因素	1. 社会准则、风俗习惯，如称呼、问候等。 2. 社会组织及其成员间的关系。 3. 价值观念等。

这种文化导入是有目的、有意识的，它包含文化事实、与语言相关的文化现象，以及跨文化交际的规则。然而，这种教学通常是在阅读课文或听力对话的基础上进行的，因此，它在系统性上存在不足。

二、隐性文化教学法与应用

（一）隐性文化教学法的理论基础

起源于欧洲的交际教学法迅速在全球范围内传播，为文化教学开辟了新的方向。海姆斯提出的“交际能力”概念进一步强化了“通过实践学习”的教育理念。

威尔金斯（Wilkins）的意念大纲以交际需求为基础，对交际教学法产生了深远的影响。意念大纲不仅关注语言形式，更强调语言的交际功能，认为语言的真正意义在于其社会文化背景中的运用。这一理念导致教学重点从语言的形式转向了语言的实际使用，促进了文化教学与语言教学的自然融合。

专门用途英语（English for Specific Purposes, ESP）也应运而生，基于学习者的交际需求，成为交际教学法的一个重要分支。ESP 考虑到学习者的个人学习需求，随之发展出了学习者需求分析、个性化学习材料、分级语言测试等，以适应不同情况的学习者。ESP 的明确实用目的为文化教学提供了新的视角，将对外文化的学习从全面的文化了解聚焦到科技、商务等特定领域。

交际教学法强调在外语教学中融入外国文化教学的重要性。在当今社会，语言交际性受到重视，因此外语教学与文化教学紧密相连。文化教学不再是单纯的文化知识讲解，而是将文化融入课堂的交际情境中，通过实际的语言使用来强调交际性，使文化学习成为自然的过程，体现了“通过实践学习”的理念。隐性文化教学法是融入语言学习中的，不是独立集中的，而是通过间接的方式，在教学过程中强调行为的重要性。

（二）隐性文化教学法的优势

在学习语言的过程中，强调其社会功能和交际功能，教育部门对此高度重视，这使得语言教学与文化教学得以融合。

教学活动中强调实践性学习，从而补充了语言内在文化含义的教学，特别是关于语言背后的文化知识和话语规则。

课堂上组织的各种交际活动让学生能够真实地体验和理解目标语言的文化，同时强调学生的主观能动性，鼓励他们主动探索语言中的文化内涵。

教学中注重教学效果的实用性，确保学生能够在现实生活中应用所学。这样可以更精确地确定文化教学的内容，确保课堂上教授的知识都是切实可用的。

（三）隐性文化教学法的缺陷

1. 文化适用范围的局限性。

隐性教学法主要强调语言使用环境的特定性，导致文化概念的缩小，被称为“小文化”。特别是随着专门用途英语的广泛应用，对外国文化的教学范围进一步缩小，因此无法充分满足语言学习者在交际需求方面的文学兴趣，导致文学教学不再像以前那样受欢迎。

2. 过度强调语言与文化的结合。

这种教学方式让学生在学习第二语言时自然而然地接受文化，导致文化教学缺乏独立的相关性和联系性。因此，如何有目的、有意识地使外国语言教学与外国文化教学有机结合，仍然是一个需要解决的挑战。

（四）隐性文化教学法的应用

隐性文化教学法与语言学习紧密结合，因此在英语课堂教学中得到了广泛应用。教师通过间接方式，将文化内容融入课堂教学中，让学生在不知不觉中学习到异国文化。

例如，在学习“Would you like something to eat/drink?”这一句型时，教师引导学生思考，在日常交流中，我们可能会推辞或谦虚一番；而在英语中，直接回答“Yes, please.”或“No, thanks.”即可。这种回答方式反映了中西方文化差异导致的说话和处事风格的不同。

三、文化旁白教学法与应用

文化旁白是一种常用于教学中的方法，其中教材中的文章通常包含一定的文化背景。这些背景可能是作者的写作背景，也可能是文章内容所涉及的文化元素。如果学生在阅读时对这些背景不熟悉，可能会导致对文章的误解，影响对文章整体意义的理解。

例如，在《21世纪高校英语》一书中的文章“Confronting Good Science”中，有句话：“Faster than you can say Frankenstein, these accomplishments triggered a worldwide debate.” 若学生对这句话中的文化元素不了解，初次阅读可能难以把握其含义。因此，教师在讲解时应首先通过文化旁白的形式介绍相关的文化背景。针对这句话，可以从几个方面进行说明：

“Faster than you can say Frankenstein”源自英语成语“before you can say Jack Robinson”，意指“在你说出某事之前”。Frankenstein是英国女作家Mary W. Shelley创作的科幻小说中的角色，是一位医学研究者，他创造出了怪物，并最终因此丧命。

文章提及这个人物具有社会意义，引导读者将这个角色与现实世界的克隆技术联系起来，表达作者对克隆技术可能引发的灾难的担忧，这与社会上引发的舆论相呼应。如果学生了解这些知识，阅读时就能更容易理解。

教师可以通过文化旁白进行解说，也可以使用其他辅助工具，如图片、影视资料等。例如，某些词汇具有文化含义，仅靠语言描述可能难以让学生充分理解，此时教师可以展示图片或影视资料，并加以解说，从而使学生轻松理解。

四、角色扮演教学法与应用

这种教学方法可以通过微型戏剧的表演来实现。这类戏剧的幕数较少，通常只有 3~5 幕，并且每幕中只涉及 1~2 个文化冲突的例子。学生可以通过观察和体验剧中的情境，感受文化休克和困惑等情绪，并探索产生这些现象的原因。在设计剧本角色时，应确保脚本简洁明了、有趣且具有戏剧张力，结局可以设计成开放式的，对白要贴近生活，展现日常生活中的场景。

在这种教学活动中，实际表演的时间可能只有 5~7 分钟，但准备时间可能需要 1 小时甚至更长。角色扮演的主题可以多样化，例如与不同文化背景的人进行初次交流，或者进行跨国谈判等。

角色扮演通常包括以下步骤：

（1）在角色扮演前，说明活动的目的，让学生对某项技能进行训练，并挑战未曾尝试过的活动，介绍角色扮演的场景。

（2）确定参与表演的学生，并传授相关背景知识，给予足够的时间进行练习。教师可以指定学生参与，也可以让学生主动报名。在准备过程中，教师应提供有建设性的建议。

（3）观看表演的学生被分配学习任务，协助布置表演场地。

（4）在表演过程中，养成记笔记的习惯，记录表演学生说出的重点，结束后进行讨论。

（5）表演结束后，观看的学生思考是否有更好的方法解决表演中出现的问题。

（6）学生回答相关问题，描述表演者遇到的问题，并思考其他可能的策略。

例如，教师可以设置这样一个场景：两个美国人正在穿越虚构的地方，如 Fondi、Dandi 或 Crony。一段时间后，他们想要回到自己住的旅馆，但距离太远，无法步行到达。更不幸的是，他们的钱包丢失了。因此，他们向当地居民求助，借钱并返回住处。在这个场景中，扮演美国人的学生需要想出办法，以便更好地向当地人借钱。如果他们不了解当地居民的习俗和行为，就很难借到钱。

在表演前，可以设定当地居民的一些生活方式和行为习惯。例如，当地居民在表示认同时会皱眉头并向下看。

活动开始后，教师要求扮演当地居民的学生按照当地居民的习俗行事。

通过这类活动，学生可以在真实的语言环境中学习，并使学习内容具体化。这种表演活动不仅训练了学生的英语口语能力，而且信息的输入和输出是同步的，确保了信息的真实性和有效性，使得语言活动和文化活动同时进行，展现了学习语言的实际应用。

第五章　大学英语教学的实践研究

第一节　大学英语阅读教学

一、阅读教学的理论基础

《大学英语教学大纲》明确指出，大学英语的教学目标是培养学生具备较强的阅读能力、一定的听力和翻译能力，以及初步的写作和口语能力，以便学生能够使用英语作为工具来获取专业所需的信息。同时，大纲还强调，教学不仅应注重句子层面的语言训练，还应逐步提升学生在语篇层面进行交际的能力。这意味着英语教学不应仅限于词汇和句子理解，而应深入语篇教学。尽管如此，长期以来，外语教学受传统语言学和结构语言学的影响，教师往往仍采用传统的句法分析法，强调学生对语言材料的逐词逐句理解，过于注重词汇、语法等语言难点的讲解，倾向于采用自下而上的教学模式，从部分到整体，以语法为主线，忽视了学生对文章深层含义的理解和掌握。学生虽然能够理解文章的某些部分，但往往无法全面认识文章的整体结构和语言所依赖的情境。近年来，随着国外新的阅读教学理论的不断涌现，新的教学理念、原则和方法逐渐被引入我国，语篇教学法在外语教学课堂中受到了越来越多的重视。

（一）语篇教学法的原则

语篇教学法是功能意念教学的一部分，其理论基础是语义宏观结构和语用宏观结构理论。根据语义宏观结构理论，教师在教学过程中应首先关注引导学生把握文章的主题和核心议题，然后对词汇、短语和句子的意义及用法进行讲解和分析；而根据语用宏观结构理论，运用语用分析进行教学可以提升语言技能训练的效率，避免孤立地教授语言形式，使学生能够得体、准确地使用语言。

语篇教学法从语篇分析出发，将课文视为一个整体，要求学生不仅仅停留在词汇和句子的层面，而是要从文章的结构和内容入手，帮助学生最大限度地获取和掌握文章传递的信息，同时逐步培养学生的语言交际能力。这种能力是通过分析一段话或文章，以及说话的场合和文章的上下文，来描述这段话或文章的语言结构、文化特征、交际方式和语境特征。因此，这种教学方法能够将分析语篇、打牢语言基础和培养交际能力有机结合在一起。

（二）语篇教学的方法

1. 整体阅读

这涉及对语篇的宏观导入，以实现表层理解。从宏观角度出发，教师引导学生理解作者的观点和意图，使学生能够全面把握文章内容，关注文章的“意”而不仅仅是“语法点”。教师可以提前布置任务，让学生预习，并在课堂上进行讨论，鼓励学生自主发现问题、提出问题和解决问题。教师针对学生普遍存在的问题，以语篇为单位，从整体上指出文章的中心思想和段落大意，教授学生如何识别主题句，理解文章的基本内容和中心思想，掌握作者的思维逻辑以及词汇和句子的衔接方式，并适时传授相关的社会文化知识，以避免学生因缺乏某些知识而误解语言。

2. 分段阅读

这是对语篇的深入分析。在语篇教学中，教师应根据不同体裁的文章，抓住重点进行分析。对于记叙文，教师应指导学生找出文中的人名、地名和时间顺序，并找出与之相关的信息，即课文中的 5 个“W”（who、when、what、where、why），并分析它们之间的关系；对于科普文章，应引导学生关注长句、难句和文章的段落结构；对于论述文，应让学生区分文章的主要观点，找出论据，研究论证过程，按照论点、论据和论证的层次进行分析，并提出自己的看法。不同类型的文章有不同的分析重点，可以从思想内容、写作修辞、世界观等多个角度进行深入探讨，研究作者的语气、修辞和语言风格，提升阅读层次，进行欣赏和评价。

3. 细节分析

语篇教学法不是简单地将一篇文章呈现给学生，而是从微观角度出发，培养学生有目的地识别信息的能力，包括关键词的识别、篇章联结手段的理解，如语法、词汇衔接、语用和语义等，并注意作者布局谋篇的特点和遣词造句的技巧。因此，语篇教学并不排斥必要的语法内容讲解，但它更侧重于篇章结构和中心问题，而不仅仅是零散的词汇和句子学习。

4. 启发式教学

在语篇教学中，教师应有意设置一些障碍，激发学生的思维，唤起他们的求知欲，鼓励他们积极思考，培养他们独立探索、解决问题和熟练运用外语的能力。

（三）语篇教学法的利弊

1. 语篇教学法的优点

（1）培养和激发学生的创造性思维。语篇教学法强调以学生为中心，要求学生在语言学习过程中积极参与分析、推理、归纳等认知活动。这种方法不仅鼓励学生参与课堂活动，还要求他们保持高度集中的注意力，积极思考，激发创造性思维。

（2）培养学生运用语言进行交际的能力。通过语篇教学法，学生不仅能提高语言水平，还能培养获取完整信息和语言交际的能力，使他们的语言能力自然地提升到语篇层面的交际能力。

（3）培养学生形成良好的阅读习惯，提高分析问题和解决问题的能力。语篇教学法鼓励学生课前预习，通读全文，熟悉内容，并找出自己不理解的句子，以便在课堂上与教师和同学共同讨论，确保正确理解。这样的学习方法使学生从被动听讲转变为主动学习，长期坚持可以显著提高学生分析问题和解决问题的能力。

（4）激发学生学习的积极性，逐步形成以学生为中心的课堂教学。教师通过提出启发性的问题，鼓励学生积极参与语篇分析的教学活动，打破外语课堂的枯燥气氛，形成以学生为主体、教师为主导的生动活泼的教学环境，从而提高学生的学习积极性。此外，这种教学法还能增进师生关系，使学生在和谐自然的语言环境中进行有效的交际活动。

2. 语篇教学法的弊端

（1）新生可能需要时间适应。对刚开始学习的新生来说，语篇教学法可能会带来挑战，因为他们的基础听说能力可能较弱，面对新的教学方法、教材和教师，可能会感到不安和恐惧。

（2）一部分学生可能会感到学习压力。语篇教学法提供了大量的语言活动机会，学生的语言能力会不断得到展示和挑战，这对于那些内向或爱面子的学生可能会造成紧张和压力。如果教师不能适时引导他们应对这些问题，可能会影响他们的学习兴趣。

尽管语篇教学法存在一些挑战，但其优势明显。它结合了传统教学法和交际教学法的优点，帮助学生从宏观和微观两个层面更全面、深入地理解篇章，既看到局部的“树”，也看到整体的“林”，从而实现认识的飞跃，并最终达到恰当、得体的交际目的。因此，语篇教学法被视为一场教学革命。

二、语篇阅读教学模式

篇章阅读研究起源于 1932 年，由英国心理学家 Bartlett 通过实验心理学方法对篇章阅读与记忆进行的探讨。随后的 40 年里，虽然有些研究延续了这种实验心理学的方法，但更多的研究是由教育心理学家进行的，旨在为课堂教学提供应用。这些研究的主要目标并不是深入探讨篇章理解的本质，而且研究者没有一个明确的理论模型来指导研究或指明方向。直到 1967 年，德国学者 Weirich 首次提出了篇章语言学的概念。这一概念打破了过去语言学中将句子视为最大语言单位的传统，主张篇章才是语言分析的起点和终点，从而开辟了篇章研究的新领域。通过对语篇理解过程的大量研究，Bartlett 提出了三种语篇理解模式：自下而上模式、自上而下模式和交互作用模式。

（一）“自下而上”模式

这是一种传统的阅读理解方法，起源于 19 世纪中期，基于信息加工理论来解释阅读过程。这种方法是文本驱动的，从书面文字符号到理解其意义的过程，涉及从字母到词汇、句子乃至语义的逐步加工。该模式认为阅读是从字词解码开始，逐步构建文本意义的过程，即一个从左到右、有序的、层次分明的理解过程。根据这一模式，理解语篇需要读者具备基础的语言知识，因为理解语篇依赖于对构成语篇的句子的理解，而句子的理解又依赖于词汇的理解，最终追溯到字母的识别。这种模式强调语篇本身的作用，阅读中遇到的问题主要是语言问题，学生理解失败通常是因为缺乏足够的语言知识，如对某些单词或句子结构不熟悉等语言障碍。

然而，“自下而上”模式虽然揭示了信息加工中的线性模式对阅读研究的影响，但它未能充分说明阅读过程中信息之间的相互作用。它局限于字、词、句的线性理解层面，忽略了读者可能会从语篇之外的其他来源（如读者已有的知识）提取信息并进行加工的情况。尽管语篇以层次结构的形式呈现信息，但读者可以在任何水平上直接提取并加工信息，以补充或预测文章中的信息流。读者在阅读语篇中的字、词、句时，并不是孤立地加工这些成分。字母在词中出现比单独出现更容易被察觉，词在有意义的句子或故事中出现比单独出现时更容易被识别；即使句子结构复杂，语义关系连贯的句子也比语义关系混乱的句子更容易被整合。显然，“自下而上”的阅读理解模式无法解释这些现象，也不能完全涵盖阅读过程的复杂性。它将低层次的过程与高层次的过程分割开来，没有考虑到读者在阅读过程中可能带入的高层次知识的作用。

（二）“自上而下”模式

“自上而下”模式是在 20 世纪 60 年代后期，受认知心理学影响而形成的阅读理论。1967 年，美国心理语言学家 K.S. Goodman 提出了阅读是一个选择过程的观点。他认为阅读是基于读者的期望，并部分地利用从视觉输入中选择出的最少量的语言线索。随着阅读的进行，这些信息被处理，初步做出的决定需要被证实、修正或淘汰。简而言之，阅读是一个心理语言学上的猜谜游戏。 Goodman 认为读者利用他们已有的句法和语义知识来减少对语篇中书面符号和语音符号的依赖，并将阅读过程划分为四个阶段：预测、抽样、验证和修正。首先，读者预测语篇中的语法结构，运用他们的语言知识和语义概念从语篇结构中获取意义。因此，语篇必须有意义，并且是功能完整的语音表达。接着，读者从书面符号中抽样以证实他们的试探性预测。Goodman认为读者在阅读时会不断地从三种可利用的信息中抽样：字形读音、语法和语义。字形读音信息来自书面符号，而语法和语义信息则依赖于读者的语言能力。在抽样过程中，读者不必看清每一个字母和单词，除非他们处理的单词、语义和语法线索与他们的预测相符，否则他们会忽略这些信息。换言之，读者只选择那些能证实他们预测的线索。读者的句法和语义知识越丰富，他们的抽样选择性就越强。如果预测的意义得到证实，读者将继续对后续内容进行新的猜测；如果提取的样本不产生意义，或者预测的书写符号输入没有出现，读者则需要从文本中提取更多信息以修正错误的预测。

阅读过程实际上是读者的先前知识与阅读材料相互作用的过程。因此，"自上而下"的阅读教学模式强调在阅读教学中引入背景知识的重要性，教师应帮助学生学会运用已有的知识（包括事实和社会文化知识、与阅读材料话题相关的知识、文章结构组织知识、情景上下文知识等）来预测文章的后续内容，并进行阅读以检验、修订或形成新的预测。许多人认为，英语阅读理解的过程是先理解单词，然后句子，最后归纳出中心思想。因此，他们把英语词汇量等同于英语阅读能力，并将阅读能力不佳归咎于词汇和语法掌握不牢。虽然一定的词汇量是阅读的必要条件，但实际情况是，词汇量相近的学生阅读能力却有所不同。那么，是什么限制了学生的阅读能力呢？答案往往是对阅读过程的误解。实际上，在母语阅读中，我们理解文本并不是简单地将各个词的意义相加，而是关注文本的中心思想和整体内容。这种关注文章中心和整体的阅读模式就是"自上而下"的阅读模式。

"自上而下"模式有许多不同的变体，但其核心特点可以总结为：（1）阅读被视为一种主动寻找意义的思考过程；（2）强调读者已有知识和技能在理解中的作用；（3）阅读具有目的性和选择性，读者只关注实现目的所必需的方面；（4）阅读具有预见性，读者已有的知识和对理解的期望以及阅读目的之间的相互作用，使读者能够预见读物的内容。

（三）交互作用模式

一般认为，课堂教学的阅读教学过程分为三个阶段，即读前（pre-reading）、读中（while-reading）和读后（post-reading）阶段。交互作用模式可适用于这三个阶段。

1. 读前的运用

阅读前的准备是阅读过程的关键阶段，其主要任务在于明确阅读的目的和布置任务。这一阶段的主要活动包括引导话题、激发学生的阅读兴趣、优化阅读心理、介绍相关话题的背景知识、激活相关图式、清除阅读理解的文化障碍、呈现和学习相关词句、清除阅读语言障碍，以及根据题目预测主题或相关内容，使阅读理解过程成为验证性的阅读。在这种交互性作用的背景下，阅读前的活动可以通过激发背景知识、熟悉阅读话题、预测阅读内容这三种方式来实现。

（1）激发背景知识

图式理论指出，在阅读过程中，读者的背景知识起着至关重要的作用。理解文本实际上是学生与文本之间的互动过程。任何文本本身并不传达意义，而是为学生提供如何根据他们已有的知识，即背景知识来理解文本的线索。背景知识包括学生以前获得的所有知识，如语言知识、社会知识、文化知识、生活知识等。当学生运用这些背景知识来指导阅读时，他们采用的是“自上而下”的模式，即根据自己的知识和经验对阅读材料做出预测和假设；同时，也采用“自下而上”的模式，即对文本中出现的单词、短语和句子进行解码，不断从文本中获得信息，从而激发学生与文本的语言知识、文化知识等其他背景知识。

（2）熟悉阅读话题

阅读文本通常围绕特定的话题展开，学生对这些话题的理解程度是阅读理解的关键。话题一般涉及两方面的内容：一是具有语言学分析意义的话题；二是具有背景知识分析意义的话题。在教学过程中，教师引导学生运用交互作用模式来熟悉阅读话题是非常有益的。一方面，可以采用“自下而上”的模式来分析话题中出现的单词、短语或句子所隐含的语言学意义；另一方面，可以充分利用学生已有的、与课文相关的知识，通过讨论话题的形式激活他们大脑中的图式结构，即背景知识，引导他们根据文章话题进行相应的讨论并预测文本的内容。

（3）预测阅读内容

预测是一种推理性的认知技能。在具体的阅读过程中，预测是指学生根据文本提供的各种线索（包括文字的和非文字的）进行观察和选择，并结合自己已有的认知结构和经验，对文本的叙事、人物关系、逻辑顺序、因果关系等内容进行预先推断。根据语言学的相关研究，阅读理解涉及两种图式：语言学图式和知识图式。语言学图式是指根据文本中呈现的单词、短语或句子等语言学知识来预测和推理；知识图式是指运用背景知识来理解文本所传递的信息，即使用学生大脑中的知识来理解、消化、吸收文本的信息。因此，要真正理解一篇文章，掌握其中心思想，并能够利用文本提供的信息进行判断和推理，不仅需要一定的语言知识，还需要对与文本内容相关的背景知识进行预测。

2. 读中的运用

阅读过程是阅读活动的核心阶段，其主要目标在于理解课文内容，并在阅读过程中培养学生的阅读策略和技巧。在这个阶段，教师会引导学生进行快速阅读以把握文章大意，寻找和捕捉具体信息，按时间顺序排列事件，回答基于事实和推理的问题，以及根据上下文推断词义和作者深层含义，识别文章类型，概括段落主旨，分析课文的结构和写作特色等。通过略读、扫读等方式，学生可以根据阅读内容或所见的图表、符号等完成任务，如连线、填表、排序、补全信息等，为课文选择或添加标题，制作图表，判断信息真伪等。学生的预测基础在于他们对语言使用、语言结构、文章话题和一般世界知识的理解，而不仅仅是印刷符号。在外语阅读中，激活相关的图式（语言图式和内容图式）有助于更好地理解文章或语句的意义。因此，在外语阅读教学中，教师的首要任务是帮助学生建立丰富的语言图式和内容图式。建立丰富的语言图式意味着提高识别词语、短语和句子意义的能力，从而提升对不同体裁文章的识别能力，这涉及“自下而上”的模式。例如，在英语中，理解特殊的句式（如主动句、被动句、真实条件句、虚拟语气句、省略句、倒装句等）直接影响到对整个语篇的理解。如果学生拥有丰富的语言图式，他们的阅读速度和理解程度将显著提高。除了激发学生的语言图式，教师更重要的是激发学生的内容图式，这需要采用“自上而下”的阅读教学模式。

3. 读后的运用

阅读后的阶段是阅读内容的深化和扩展阶段。这一阶段的主要任务是通过一些评价或应用性活动来巩固阅读成果，如口头或书面复述文章大意、进行讨论、角色扮演、讲述个人相关经历、缩写、改写、仿写、续写等。这些活动不仅包括转述所读内容，还可能涉及根据内容进行角色扮演、讨论、改写、续写、撰写摘要等。无论是“自下而上”还是“自上而下”的模式，它们都是单向的信息传递。实际上，在阅读过程中，词汇、句法、语义知识及背景知识都在起作用，并影响着学生对阅读文本的理解。交互作用模式认为，阅读过程是一个多种语言知识（包括文字、词汇、句法和语义等）复杂的交互作用过程，任何单一的语言知识都不能促成对阅读材料的真正理解。例如，复述大意是学生在深入理解课文内容的基础上，用自己的语言重述文章的大意，可以按照时间顺序或事件发展顺序进行。复述活动不仅加深了学生对课文的理解，也锻炼了他们的口语能力。当然，复述也建立在学生对课文单词、句子、段落的理解，以及过去的知识和经验与文本知识的联系基础之上。讨论和角色扮演或换角色讲故事活动，不仅可以培养学生外语的口头表达能力，还能够培养他们的思辨能力、逻辑思维能力和发散思维能力，这也是交互作用模式的具体体现。缩写和改写则是学生在充分理解课文的基础上，利用关键词或主题句对全文进行概述或转述，这不仅培养了学生的概括能力，还培养了他们的写作能力以及词汇、句子和语篇的组织能力，也体现了交互作用模式的功效。仿写和续写则是根据课文内容改变人称、地点、人物或事件，套用课文学过的词汇、句子和句法结构，以及根据课文事件发生的逻辑顺序、事件顺序，发挥学生的想象力完成文章的后续部分。由此可知，这一阶段的活动不能仅仅依靠单向信息传递和处理方式来完成，必须将词汇、句子和段落等语言传递和处理能力与学生自身的知识和经验提取能力有效结合，才能有效地进行读后阶段的教学活动。

外语阅读不仅是一种语言活动，更是一种思维活动。交互作用的阅读模式就是让学生在外语阅读过程中将语言符号通过心理认知转换成思维符号的过程。实际上，外语阅读理解也是一个信息之间相互交互、积极动态的过程。交互作用模式在外语阅读教学中关注学生个体和群体的心理因素，重视课堂教学中师生的互动作用，同时注重开发和培育学生的语言潜能，因此为学生在课堂活动中积极参与提供了有力的保障。

三、外语阅读和母语阅读的差异

不同读者对同一阅读材料所传达的信息可能会有不同的解读。这种差异的出现与读者的家庭背景、居住环境、文化环境有关，也与读者的动机、天赋和其他个性特征有关，导致了阅读上的个体差异。Aebersold 和 Field 的研究指出，影响第二语言或外语学习的因素还包括学习者的认知发展水平（学习者开始学习语言的年龄）、学习风格（是场依赖型还是场独立型）、第一语言的阅读能力、第一语言的元认知知识水平、第二语言或外语的熟练程度，以及第一语言和第二语言在书写体系和修辞结构上的差异。Alderson 分析了影响阅读效果的因素，他认为有两个主要方面：阅读者个人的因素和阅读材料的内容与类型。阅读者个人的因素包括背景知识、对阅读材料内容的了解、文化知识以及第二语言或外语的语言能力。此外，学习者的性格、性别、社会阶层、职业、智力和阅读动机也会影响阅读的效果。成功的阅读者不仅词汇识别能力强，而且阅读动机更为明确。相反，阅读不太成功的读者往往缺乏阅读动机，而阅读成果与阅读动机密切相关。因此，要提升第二语言的阅读能力，首先需要提高第二语言的语言水平。

根据语言功能理论，语言的主要作用包括表达、指示、描述、辩论和元语言等方面。任何掌握母语的人都能使用语言来实现这些功能，而任何语言也都能履行这些功能。如果语言知识和能力作为系统知识存储在大脑中，学习新语言就相当于在大脑中构建一个新的知识系统。根据格式塔理论，新知识的习得总是以原有的知识系统为参照或基础，原有系统会对新系统产生影响，或者说，原有系统的某些部分会融人新系统中。阅读能力的迁移是确定无疑的。错误分析显示，外语学习者在语音、语法、语用等各个层面都可能受到母语的影响而出现系统性的偏差，这表明迁移是自发进行的。由于语言功能的普遍性，语言手段和运用语言的手段必然显示出普遍性，因此，语言能力的正迁移是不可避免的。研究表明，外语阅读能力较强的学生通常母语阅读能力也较强。然而，我们并不能因此断言，母语阅读能力强的人外语阅读能力一定强。这是因为外语阅读能力本身具有其独特性。

首先，语言能力和技巧的正迁移存在一定的局限性，通常发生在更为普遍的语言规则和语用原则方面。语言和文化差异越大，正迁移的可能性就越小。以中国学生学习英语为例，文字符号、语音规则、语法规则和语用原则等方面与母语有显著差异，这些差异可能会阻碍阅读理解的速度。从一种书写系统转换到另一种书写系统，必然会在视觉反应和大脑信息处理方面带来挑战。因此，初期的任务应着重于帮助学习者适应这种转换，逐步提高视觉接收的范围和速度，以实现对母语文字的反应。其他方面的困难也需要通过专门的方法来解决。

其次，母语阅读能力和技巧的不足会影响正迁移过程，从而影响外语阅读能力的提升。中国学生在这方面的问题尤为突出。国内的语文教学大多仍局限于传统的语言知识传授，注重“文以载道”的理念，导致语文课程更多地关注学生的品德和情感教育。语言知识的讲解也仅限于词语运用、修辞手法和文章结构布局。在这种教育模式下，学生缺乏外语阅读能力培养的理想基础。

最后，外语学习者的情感因素也会影响阅读过程，包括态度、动机和个人性格等。在具体的外语阅读过程中，焦虑、过度兴奋等情感因素也很常见，影响着阅读效果。因此，在外语阅读教学中，控制和引导学生的情感因素是教学成功的关键之一。简而言之，学生的兴趣，包括对外国文化、阅读材料内容、练习内容的兴趣等，都能促使学习者在阅读时保持最佳的心理状态。

四、大学英语阅读教学的目标和原则

（一）大学英语阅读教学的目标

在大学英语教学中，阅读的目标主要涉及以下几个方面：首先，通过阅读来寻找所需的信息；其次，通过阅读来获取新的知识；再次，培养和提高阅读理解能力；最后，从阅读材料中获取乐趣，激发对阅读的热爱。《大学英语教学大纲》强调的是提升学生的阅读理解能力，同时培养他们的假设判断、分析归纳、推理验证等逻辑思维能力，以及快速阅读的能力和阅读兴趣，并增加他们的文化背景知识。

阅读教学的目标根据不同的学习阶段有不同的要求。《大学英语课程教学要求》将阅读目标分为三个层次：

一般要求：学生应能基本理解一般性题材的英文文章，阅读速度达到每分钟 70 个词。在快速阅读篇幅较长、难度略低的材料时，阅读速度应达到每分钟 100 个词。学生应能进行略读和寻读。学生应能借助词典阅读本专业的英语教材和熟悉的英文报刊文章，掌握文章的中心大意，理解主要事实和相关细节。学生还应能读懂工作、生活中常见的应用文体的材料，并在阅读中使用有效的阅读策略。

较高要求：学生应能基本理解英语国家大众性报刊上的一般性题材文章，阅读速度为每分钟 70~90 个词。在快速阅读篇幅较长、难度适中的材料时，阅读速度应达到每分钟 120 个词。学生应能阅读所学专业的综述性文献，并能正确理解文章的中心大意，抓住主要事实和相关细节。

更高要求：学生应能理解具有一定难度的文章，掌握其主旨大意及细节，并能阅读国外英语报纸杂志上的文章。学生应能比较顺利地阅读所学专业的英语文献和资料。

（二）大学英语阅读教学的原则

由于教师、教学条件、环境、学生、教学目的以及英语教学相关各个方面的差异，阅读教学活动必然呈现出多样化的形式，这正是英语阅读教学实践的特色。为了确保阅读教学目标的实现和教学的有效性，以下原则应当被遵循：

1. 真实性原则

交际教学法的核心在于强调语言的交际功能，而交际功能首先源于语言的真实性。因此，在阅读教学中，应特别关注材料的真实性。阅读教学的真实性涉及三个层面：首先，阅读材料本身的真实性。在选择阅读材料时，应考虑学生的日常交际需求，从现实生活中选取问题多样、难度适宜、学生感兴趣的材料。其次，阅读目的的真实性。在实际的交际活动中，阅读总是有特定目的的。阅读可能是为了获取信息、验证知识、批判作者观点或风格，或者仅仅是为了娱乐或消磨时间。不同的阅读目的需要不同的阅读方法，因此，阅读教学应根据交际需求设定具体目标。不同的文章可以用来训练学生的特定阅读技能，也可以用来培养他们的综合阅读能力。在具体教学中，阅读目的应体现在练习设计中，通过阅读练习帮助学生实现阅读目的。最后，阅读方法的真实性。学生应根据阅读目的和文章体裁选择适当的阅读策略。如果阅读教学过分侧重语言知识而忽视理解，就违背了阅读的基本规律，这也是阅读教学失败的一个重要原因。必须坚持“先理解、后语言点”的教学原则，让学生真正参与到阅读实践中，亲身体验阅读过程。否则，教师就剥夺了学生亲自进行阅读理解、分析判断、推理比较和评价总结的机会，这将难以迅速提升他们的阅读能力。

2. 层层设问原则

课堂提问是教学过程的重要组成部分。教师根据特定的教学目标，针对相关的教学内容，设计一系列问题情境，引导学生进行思考并回答，以激发学生的积极思维，提升教学效果。层层设问的原则指的是教师在阅读教学中提出的问题应具有层次感，环环相扣，逐步引导学生深入理解文章的主旨。以下以《新视野大学英语（读写教程）》Book4, Unit 1 中的文章《一个体面女人的诱惑》为例，展示层层设问的过程：

师：Where did this story take place?

生：On the plantation.

师：Then what' s the meaning of plantation, can you explain?

生：A farm.

师：A farm? Not exactly...

生：A large farm, maybe, I don' t know how to explain it in simple English. In Chinese, 种植园 .

师：OK. What' s the weather there like? Anyone knows? I mean in a plantation, it' s usually warm, hot or cold?

生：Hot.

师：Good. I n what country large plantation are very common?

生：America.

师：Very good. Is there another way to indicate this story take place in America?

生：Yes, In my opinion, in the first paragraph, the sentence "Gouvemail is up to spend a week or two on the plantation" . As we know that American authoress, Margaret Mitchell' s famous novel—Gone With the Wind has shown us wonderful plantation in the American South. And also in paragraph ll, there is mentioned "an oak tree" , in paragraph 12, so is "bam" , etc. They are all typical of the American South.

师：Wonderful! Good thinking!

通过教师的逐步引导和学生的深入思考，学生在解决问题的过程中掌握了所学知识，逐步理解了文章内容，并提升了分析理解能力。

3. 积极性原则

阅读不是一个被动的活动，而是一个需要高度主动参与和创造性思维的过程。它是读者基于自身的信息、知识和经验对文本进行筛选、归类和解读的过程，也是读者与作者通过文本进行互动的交际行为。读者的心理状态对阅读有着显著的影响。影响阅读心理状态的具体因素包括阅读目的、兴趣、必要性和积极性等，这些因素可以综合地用“强制性”的强度来衡量。强制性较强的阅读通常目的不明确，缺乏兴趣和积极性，属于被动阅读；而强制性较弱的阅读则通常出于兴趣，是自发和主动的阅读。在实际操作中，被动阅读比主动阅读更为困难，或者说更具挑战性。例如，同样的阅读材料在平时学习中可能并不难，但在考试中可能会显得更加困难。为了提高学生的阅读积极性，可以从以下几个方面入手：首先，选择学生感兴趣且难度适宜的文章；其次，开展生动有趣的课堂活动；最后，及时认可学生的进步，并给予更多的表扬和鼓励。

4. 循序渐进原则

实现阅读教学目标不是一蹴而就的，而是一个逐步深入的过程，这需要有一个合理的总体规划和长期计划。教师在选择材料、设定任务、确定阅读策略以及提供教学反馈等方面应进行周全和细致的考量。同时，教师应激励学生探索适合自己的阅读方式，并积极引导学生运用这些方法去完成既定的阅读任务。

5. 因材施教原则

鉴于学生之间存在个性差异，他们在学习阅读的过程中会有不同的进展。因此，教师应当关注每个学生的独特需求，确保每个学生都能在阅读技能上取得相应的进步。例如，对于那些阅读成绩不佳且感到气馁的学生，教师可以开始时提供简单的阅读材料，然后逐渐增加难度，让他们体会到自己的进步，并经常给予表扬和鼓励，以帮助他们树立起取得进步的信心。而对那些基础扎实、学习兴趣浓厚的学生，他们在课堂上的阅读可能无法满足他们的求知欲。对这类学生，教师应当向他们推荐适合的阅读材料，并布置一些具有挑战性的阅读任务，以满足他们的阅读需求。总的来说，教师应当根据每个学生的特点进行仔细分析，并分类指导，在教学过程中有针对性地提出不同的要求，采取不同的教学方法，以实现因材施教。

6. 速度调节原则

阅读的快速并不直接等同于理解力。有些学生可能阅读得很快，但理解力却不足；同样，有些学生阅读慢，理解力也不强。对于这些学生，应当强化基本的阅读技巧和语言知识的学习，而不是单纯追求阅读速度的提升。教师应当根据教学的不同阶段来调整阅读速度的要求。在阅读教学的初期，可以采取较慢的阅读速度，重点在于对材料的深入理解。慢速阅读在某些情况下是必要的，比如对于诗歌、散文、小说等文学作品，应该细致地阅读、深入分析、理解和欣赏。然而，随着词汇量的增加、语义和句法知识的丰富、语感的提升以及阅读技巧的进步，阅读速度也会相应提高。在这个阶段，可以进行一些时间限制的阅读训练，增强训练的强度，以实现阅读教学的目标。因此，速度调节的原则就是要求教师在阅读教学中灵活掌握节奏，根据不同阶段的教学目标进行适当的调整。

五、英语阅读训练的方法

在外语学习中，阅读扮演着关键角色，阅读教学在整个教学体系中占据着至关重要的地位，同时，阅读策略也是第二语言习得研究领域的一个关键部分。在传统的阅读教学过程中，存在许多错误的观念和教学误区，学生常常对不同的阅读材料采用相同的阅读速度和方法，这种做法既无法在规定时间内完成所需的阅读量，也影响了阅读理解的效果。因此，教师需要采用新的教学策略，努力构建有效的课堂阅读教学模式。

根据《大学英语课程教学要求》，教学目标是培养学生的英语综合应用能力，尤其是听说能力，以便他们在未来的工作和社交活动中能够有效地使用英语进行交流。为了实现有效的信息交流，必须具备对信息整体把握的能力，而英语阅读是中国大学生获取信息的主要途径，阅读课也是大学英语教学中的重点。因此，大学英语阅读课堂教学应当重视培养学生对信息整体把握的能力。

（一）引导激发学生的阅读兴趣

阅读教学的宗旨在于培养学生的英语阅读分析能力。教师的主要职责是指导学生，根据不同的阅读情境和材料提供相应的背景知识，教授一些阅读的基本技巧，并在阅读前激发学生的兴趣和阅读欲望，帮助他们成为具有判断力的独立和有效读者。培养学生独立阅读能力的初始步骤是激发他们的阅读兴趣，并帮助他们产生强烈的阅读欲望。

（1）与学生已有的知识和经验建立联系。在开始阅读文章之前，通过提出一些与学生的先前学习相关的问题，唤起他们的好奇心和阅读欲望。通过多表扬、少批评，并鼓励大家一起讨论，可以增强学生的自主学习能力。在此基础上，再引入新的知识。

（2）通过对文章标题的解读，鼓励学生大胆预测阅读内容。对于阅读材料，教师不应立即进行讲解，而应鼓励学生发挥主动性，让他们根据标题进行联想和猜测。在课文讲解过程中，教师可以适时引导学生进行逻辑思考，为学生的创造性思维留出空间。

（3）"限时性"是加强阅读效果的一种方法。慢速、不连贯且注意力不集中的阅读方式在单位时间内无法获取大量知识信息，会对阅读者的心理造成压力，也无法带来阅读的满足感。"限时性"阅读要求学生在规定时间内完成一定量的阅读，这样的目的是让学生有目的地阅读，从而集中精力，避免因重复劳动而产生厌倦感。此外，这样的训练也有助于学生应对考试。教师还可以准备一些配套的练习题供学生参考。

（二）在阅读教学过程中充分注意学生的心理活动

阅读是一种涉及感知、理解、分析、综合、记忆、联想以及判断推理的综合思维活动。因此，教师在阅读教学中应当密切关注学生在阅读过程中的心理活动。

（1）在开始阅读之前，教师应确保学生充分认识到阅读的重要性。阅读对个人的成长具有深远的影响，是获取知识的关键途径。只有掌握了阅读技巧，才能有效地吸收知识，汲取前人的经验，为个人的未来指明方向。

（2）在阅读过程中，学生可能会遇到难以理解的内容，这可能会导致他们产生恐惧或退缩的心理。因此，教师在指导学生阅读时，应有计划地向他们传授阅读技巧，并通过大量的阅读实践来锻炼和巩固这些技巧。

（三）注重阅读技术

学生是阅读的核心，专注于提高阅读技巧对于增强学生的阅读能力极为有利。教师应当引导学生深入理解，抓住阅读的本质，使学生能够将知识融会贯通。

（1）强调文章结构的重要性。文章结构就像是文章的"骨架"，在阅读文章之前，首先分析其结构是至关重要的。在分析时，首先要确定文章的主旨，它可能出现在文章的开头、中间或结尾。同时，要关注文章的篇章结构，理解作者的逻辑是演绎还是归纳、是事实引出论点还是论点支撑事实、是从小到大还是从大到小展开。掌握了文章结构，不仅有助于学生抓住重点，还有助于他们学习写作技巧和锻炼思维能力。

（2）重视词汇和句子的学习。阅读不仅是学习过程，也是积累新词汇和句子的过程。在阅读中，学生应养成良好习惯，尽量在一次阅读中完整理解整个句子，避免遇到生词就立即查字典。他们可以通过整句理解或上下文推测生词的意思，并在阅读完整篇文章后再验证这些推测。

（3）关注语法结构。长难句是阅读的难点，即使没有生僻词汇或新词义，复杂的句子成分也可能导致理解困难。遇到这类句子时，学生应耐心分析句子成分，灵活运用语法知识，明确代词的具体指代，这样才能彻底理解句子，实现知识的融会贯通。

（四）培养学生独立阅读的能力

阅读能力涵盖了学生的观察、注意、记忆、想象和思维能力，提升这些能力应当将它们视为一个统一的整体。建构主义理论指出，知识是通过个人的建构而非仅仅通过他人的传授获得的，学生是知识建构的主动者。学习不仅仅是教师向学生传递知识的过程，更是学生自主构建知识的过程。因此，阅读课堂教学应当以学生为中心进行设计，建立学生之间、学生与教师之间以及学生与作者之间的对话，以实现大学英语课程的教学目标。培养学生的独立分析问题和解决问题的能力对提升阅读能力至关重要，同时，独立思考和独立工作的能力也是外语教学的核心内容之一。在课堂上，教师应通过启发式教学激发学生的想象和推理能力，为他们提供学习的便利。在课堂之外，学生应掌握正确的资料查阅方法，能够快速找到相关信息，独立完成阅读任务，并从中获得知识，扩大知识面，真正实现学以致用。

第二节　大学英语听力教学

一、英语听力教学概述

听力是日常交流中极为普遍且至关重要的技能，但在语言教学中往往被忽视。在20世纪70年代以前，关于语言教学的研究很少涉及听力教学。然而，随着交际教学法的普及，人们开始认识到听力在语言能力中的重要性，并逐步开始重视听力教学。

自20世纪80年代起，对听力教学和听力技能的研究逐渐增多。英国应用语言学家Richards提出，听力由多种微技能组成，这些微技能应成为教学和评估的重点。美国语言学家Rost指出，听力的微技能包括辨别单词发音、推断生词意义、预测听力内容、处理信息矛盾和模糊、区分事实与观点等。听力教学地位的提升很大程度上得益于克拉申提出的输入输出假说，即语言习得是通过理解信息和接收可理解输入来实现的，其中口头语言是主要的输入方式。

此外，在20世纪八九十年代，应用语言学者开始借鉴认知心理学关于语言理解的新理论，区分了“自下而上”和“自上而下”的理解模式，并认识到背景知识和图式在理解中的重要性。在“自下而上”的模式中，听力是一个线性数据处理过程，理解程度取决于听者对口语材料的解码成功与否；而在“自上而下”的模式中，听者根据预期、推理、意图、图式知识和已有知识有选择性地处理信息，以构建意义。同时，会话分析和语篇分析的研究也影响了听力教学，揭示了口语语篇的结构，认识到仅将书面语篇朗读出来并不能提供合适的听力材料。因此，在听力教学中，必须向学习者提供符合他们需求和水平的真实口语材料，真实性成为选择听力材料的重要标准。

国内大学英语教学的最终目标应当是培养学生使用英语进行有效沟通的能力，这涵盖了听、说、读、写、译五项基本技能。在这五项技能中，“听”作为英语综合应用能力发展的核心和基础，其重要性不容忽视。尽管如此，在当前的大学英语教学中，听力教学却成为阻碍学生英语综合应用能力和可持续发展能力培养的关键因素。随着教学改革的不断深入，对学生英语听力和口语能力的培养正逐渐受到越来越多高校和相关部门的关注。

对当前大学英语听力教学的综合分析揭示了以下几个主要问题：

1. 来自学生的障碍

（1）语言基础知识不足导致的听力理解困难

学习任何语言都需要扎实的语音、词汇、语法等基础知识。目前，英语听力教学中对语音语调、词汇、语法、句式等基础知识的关注不足，导致学生在这些方面的掌握不够充分。这反映在学生的辨音能力弱、无法识别单词的前后缀、跟不上语速、语法逻辑结构理解不清等问题上，进而影响了英语听力教学的效果。

（2）背景知识缺乏造成的听力理解障碍

语言学家 Anderson 和 Lynch 曾提到，对目标语言的社会文化、历史背景知识的缺乏会成为听力理解的障碍，因为语言是文化传递的工具。英语作为一种语言，也是文化的承载者，不同的文化背景孕育了各自独特的语言特点。因此，要深入学习一门语言，首先需要对其背景文化有所了解。然而，目前大学英语教学仍以应试教育为主，缺乏对英语背景文化知识的传授和学习，导致学生在听力理解上因不了解文化背景而出现大量误解和混淆。

（3）应试教学导致的听力学习兴趣缺失

在应试教育的理念下，大学英语学习的主要目标是应对四、六级考试，因此听、说、读、写、译等基本技能的教学都围绕着如何通过考试进行。学生步入社会后，许多企业也将四、六级考试成绩作为衡量人才的标准之一。在这种教学理念和社会氛围中，学生学习英语的目的是应对考试和企业标准，而非为了培养沟通交流等综合应用能力。这种以应试和满足要求为主导的学习方式，导致学生对英语学习的兴趣严重下降。

2. 来自教师的障碍

（1）课程安排不尽合理

在许多院校中，听力课程往往集中在每周一次，每次课程时长为 1.5 小时。

这样的安排对听力教学来说并不理想。听力训练是一项需要高度集中精神的脑力活动，学生在听的过程中需要快速地对信息进行整理、匹配、编码、解码和输出，这对大脑的消耗是巨大的。而每次至少 1.5 小时的听力课程对学生来说是一个挑战，不利于他们进行高质量的听力学习。

（2）教师指导不足

部分教师将听力教学等同于考试训练，没有为学生提供适当的引导，就让学生直接开始教材中的听力练习。这种做法导致学生在没有足够背景知识的情况下，面对不熟悉的对话主题，容易感到挫败。缺乏适度引导的听力练习无法让学生体验到学习的成就感。因此，教师在听力教学中应当注重如何把握听前引导的适度性。

（3）听力材料更新滞后

一些教师在听力训练中完全依赖教材内容，而有些教材因时间久远而包含过时的材料。教师应当在教材的基础上，适时引入新鲜内容，如新闻、趣闻、时事、幽默等学生感兴趣的话题，这样既能让学生学以致用，又能显著提高他们的学习热情。此外，教师选择教学材料时应考虑难易程度，以确保听力教学的效果。材料过于困难会让学生失去信心，而过于简单则无法达到训练的目的，因此教师在选择材料时需要综合考虑学生的听力水平。

二、英语听力教学的理论基础

在听、说、读、写四项基本语言技能中，听力被归类为“接受性技能”，但这并不表明听力是一个被动接收的过程。实际上，听力是一个主动且积极的信息处理过程。心理语言学的研究揭示了听力过程与人类记忆之间的紧密联系。根据记忆保持的时间长短，人类的记忆可以分为瞬时记忆、短时记忆和长时记忆三种类型。这三种记忆各自负责不同的功能，共同构成了一个完整的信息记忆与处理系统。

瞬时记忆指的是在感知信息后的极短时间内（大约一秒钟）的记忆；短时记忆是指在经过识别过程后，在较短时间内（几秒至几十秒）的记忆；而长时记忆则是指在较长的时间跨度内（以天、月、年为单位）的记忆。这三种记忆不仅在保持时间上有所差异，它们在其他方面也有所不同，比如在记忆的广度、记忆内容的形象性、信息提取的难易程度及生理机制等方面。

瞬时记忆是直接由感官接收的信息，因此通常具有鲜明的感觉形象性，也可以称为感知记忆。它的保留时间非常短暂，大约只有一秒钟。瞬时记忆的再现相对容易，具有一定的广度，如果材料之间没有特殊联系，那么不同性质的瞬时记忆广度通常为大约 7 个项目或单元。瞬时记忆的生理机制可能是神经细胞在刺激后的持续活动，这是一种短时的电化学反应，但随着时间的推移会自然消退，其活动痕迹在神经组织中的范围相对较小。

短时记忆的保留时间虽然比瞬时记忆长，但仍然很短，通常以秒为单位，最多持续一分钟。例如，在电话簿中找到一个不熟悉的电话号码后，我们可以根据短时记忆拨打这个号码，但在拨打完毕后，甚至在拨打过程中就可能会忘记它。为了将信息保持在短时记忆中，复述是必要的，否则很快（不到半分钟）就会被遗忘。短时记忆的再现也相对容易，数量或广度有限，通常也只有大约 7 个无联系的项目（如数字、字母或单词）。其生理机制与瞬时记忆基本相同，只是持续时间稍长。

长时记忆是指在识记某项材料后，能够在很长时间内将其复述出来的能力。长时记忆的保留时间较长，可以从几分钟到几小时、几个月、几年，甚至终身。长时记忆的数量是巨大的，几乎可以说是无限的，它可能包括一个人的全部知识。由于数量巨大，有时回忆起来会有一定难度。长时记忆的关键是复习。长时记忆（尤其是语言材料的记忆）的一个特点是记住信息的意义，而不仅仅是机械地记住孤立的单元，如单词等。长时记忆的识记是一个组织和构建的过程，因此它所储存的知识也是一个有序、有组织的整体。这使得人们能够迅速地从庞大的长时记忆中通过多种途径提取相关知识。长时记忆依赖于先前获得的知识，在识记时将当前材料与过去的知识联系得越多，未来的回忆就越容易。

从系统论的观点来看，瞬时记忆、短时记忆和长时记忆是一个统一记忆系统中的三个不同的信息加工阶段，它们之间不是彼此孤立的，而是相互影响、相互作用又相互联系的。

听觉的心理过程，根据记忆的三个阶段，可以分为三个主要阶段：

在第一阶段，声音通过听觉器官进入瞬时记忆，并借助听者已有的语言知识将这些声音信息转化为有意义的概念。这一过程在瞬时记忆中的持续时间很短，听者只有很短的时间来整理这些概念。在母语听力中，这一过程通常能够顺利完成，但在外语听力中，听者尝试将连续的语流组织成有意义的概念时，可能会遇到难题。有时，听者甚至在处理完现有信息之前，新的信息就已经涌入，导致听力理解上的困难。

在第二阶段，信息处理转移到短时记忆中，这是一个非常短暂的过程，通常不超过几秒钟。在这一阶段，听者会将听到的词汇或词汇组合与长时记忆中的语言知识进行对比，对记忆中的信息进行重组和编码，形成有意义的命题。听者需要将连续的语流进行分割，主要依据的是意义，这涉及句法、语音和语义三个层面。在捕捉到意义之后，听者通常会忘记具体的词汇。在这一阶段，处理速度至关重要。已有的信息必须在新的信息到来之前被处理完毕，这对外语学习者来说，很容易导致信息处理系统的超载，初级外语学习者往往会因为处理速度不够快而无法从信息中提取意义。随着听力训练的增多和语言知识的积累，对于经常听到的信息的处理会逐渐自动化，从而为处理难度较大或不太熟悉的信息留出更多空间。

在第三阶段，听者将获取的意义转移到长时记忆中，并与已知信息建立联系，以确定命题的意义。当新输入的信息与已知信息相匹配时，就会产生理解。在这一阶段，当形成的命题与长时记忆中的已知信息相联系时，大脑会通过积极的思维活动进行分析、合成和归纳，使其成为连贯的语言材料，从而实现意义的重构。最终，重构的意义而非原有形式会在长时记忆中被保留。

上述内容概述了听力过程中信息处理的基本步骤，但实际情况更为复杂，因为听力过程中的信息处理不仅仅依赖于语言本身。听者需要将语言放入具体的上下文中，才能准确理解其含义。在母语听力中，听者会不自觉地调用他们长期积累的文化知识、说话者的背景等相关信息，并根据过去的经验预测接下来可能听到的内容。他们了解不同人在不同情境下会以不同的方式表达不同的内容，使用不同的语言风格。谈话的方式也会受到谈话者之间关系的影响，如父母对孩子、妻子对丈夫、领导对下属、售货员对顾客等。这些知识在上述三个阶段都会发挥作用。

听力学习是语言学习的一部分，因此对听力材料中语言点的学习是非常重要的。如果大脑中没有相关的知识存储，我们就无法理解外部信号的含义。例如，没有学过外语的人对外语声音不会有任何反应。换句话说，听力理解的结果取决于记忆结构。语言点通常包括值得关注的常用词和常见句式的意义、用法，以及关键词或生词，或者是容易听错的地方。学习语言点有助于学习者注意词汇的发音、含义、用法以及句子的结构和含义等。记忆结构包括音、词、词组、句、语篇等语言知识，还包括语言在社会中的使用知识、社会文化知识以及其他非语言知识。此外，在听力过程中建立起来的所有自动反应模式都可以被存储，并在适当条件下自动发挥作用。在听力任务完成后，结合语言点的解释有助于扩展语言知识和提高听力技能。如果将听力练习仅视为听力测试，那么只会关注结果，只会在意测试题目的对错，这样的练习往往难以实质性提高听者的水平。因此，我们可以得出结论：听力是多种能力的综合体现。

三、大学英语听力教学的目标

英语听力教学的宗旨在于培养学生实际生活中的交际能力，使其能够通过听力技能完成日常任务，并促进自我学习和成长。随着学生认知能力的提升，对他们的听力要求也在增加。不同学习阶段对听力教学的目标有所不同。《大学英语课程教学要求》将听力目标分为三个级别：

基础要求：学生应能理解英语授课内容，日常英语对话以及一般性话题的讲座，能够跟上语速较慢（每分钟 130~150 个词）的英语广播和电视节目，把握主要内容，抓住关键信息，并能够运用基本的听力技巧。

进阶要求：学生应能理解英语对话和讲座，基本理解熟悉题材且篇幅较长的英语广播和电视节目，语速为每分钟 150~180 个词，能够把握中心思想，抓住关键信息及相关细节，并能够基本理解用英语授课的专业课程。

高级要求：学生应能基本理解英语国家的广播电视节目，掌握其中心思想，抓住关键信息。能够理解英语国家人士正常语速的对话，以及用英语授课的专业课程和英语讲座。

四、大学英语听力教学的内容

英语听力教学的内容一般应包括以下几点：听力知识、听力技能、语音训练、听力理解和逻辑推理训练等。

听力知识涵盖了语音知识、策略知识、文化知识和语用知识等多个方面。语音知识不仅是语音教学的一部分，也是听力教学的核心，因为听力理解的首要步骤是语音解码。因此，学生需要掌握发音、重音、连读、意群和语调等知识。在听力理解方面，策略知识、文化知识和语用知识同样重要。缺乏策略知识会影响学生根据不同听力任务选择合适的方法；不了解目的语国家的文化知识会导致听力时的误解；缺乏语用知识则会影响对说话者意图的理解，从而影响交际的质量。

听力技能包括辨音能力、交际信息辨别能力、大意理解能力、细节理解能力、词义猜测能力、推理判断能力、预测下文能力和评价能力等。此外，记笔记和选择注意力也是听力技能的一部分，适当的笔记方式有助于信息的获取，而选择注意力则有助于聚焦于听力目的和重点。

语音训练旨在提高学生的语音辨别能力，为提高听力理解打下基础。训练应从单词到句子再到篇章，特别要注意那些容易混淆的语音，如 bed 和 bad、chip 和 cheap 等。语音训练有助于增强学生对语音的敏感度和辨别能力。

听力理解的培养不仅限于语音和技能训练，还应通过多种活动训练学生对句子和语篇的理解能力，使学生的理解从字面意思逐步深入隐含意义和应用层面。

逻辑推理训练也是听力教学的一部分，它结合语法知识的提升，帮助学生正确理解和判断。语言学习中的语感，即对即将听到的信息的预测能力，能够激活相关知识储备，从而提高听力效果。例如，通过逻辑推理和语法知识，可以推断出 John 的职业，这需要在听力过程中不断调整判断，以适应不断出现的新信息。

五、英语听力教学的原则

在语言教学中，听力是理解和吸收口头信息的关键能力。通过这种能力的培养，学习者可以获取丰富的语言素材，并推动口语、阅读、写作等其他语言技能的提升。根据当前的英语教学标准，英语考试中听力部分的比重正在逐渐增加。然而，目前的教学现状是学生的阅读和写作能力往往强于听说能力；教师在听力教学上也常常感到困惑；听力题目位于试卷的首部分，如果这一部分表现不佳，将直接影响学生对后续主观题和客观题的回答。因此，探讨听力教学的基本原则和方法是非常必要的。

目前，英语教师普遍采用多次重复听力材料的方法进行听力教学，这种方法存在三个主要问题：首先，它与考试要求不符。因为听力测试中除了短文理解会播放两遍，句子和对话通常只播放一遍，这使得在重复听方式下训练出的学生难以适应实际考试。其次，效果不佳。因为这种逐字逐句重复听的方法导致学生只关注细节而忽视整体，也就是说，对细节的关注过多，而对对话和短文的整体意义理解不足。因此，在处理需要整体理解的听力材料时，如短文的中心思想和主旨等，学生往往会出错；同时，对那些隐含的信息，如对话发生的时间、地点，说话人对某事的态度和观点等，也往往无法准确捕捉。最后，这种听力教学容易陷入模式化的陷阱，导致教师和学生都感到疲惫，并对听力产生畏惧。因此，为了真正提高听力教学的效果，教师首先需要深刻理解听力教学的基本原则，以便正确、合理地进行听力教学。

（一）循序渐进的原则

在选择听力材料时，应遵循逐步提升的准则，从简单到复杂，同时考虑到材料的多样性和真实性。这里所指的听力材料是除了课本中的“听力训练”部分之外的内容。在开始听力训练时，应避免使用语速过快的材料。尽量挑选发音清晰、连读和弱读现象较少的材料；听力内容应包括日常对话、社会热点、新闻、故事等，以唤起学生的听力和兴趣；确保学生在听的过程中能够获得知识和理解；此外，听力材料应尽可能真实，即语音和语调自然、真实，不过于夸张，符合母语者在自然交流中的说话习惯。在听力训练的过程中，需要明确不同阶段的听力培养目标，并制订相应的培养计划。

（二）训练模式多样化原则

教师应根据不同的训练目标，采取多样化的训练方法。在课堂上，学生通过听教师和其他同学的英语发言是提高听力的关键方式。教师应遵循从慢到快、从易到难、从简到繁的原则，坚持用英语进行课堂教学和课文讲解，并鼓励学生勇于用英语交流，以此营造积极的课堂氛围。此外，教师应根据不同的教学目标选择合适的听力材料，并采用不同的训练方法，例如，让学生练习辨识各种语音，以理解其表达的含义；提前向学生提出问题，让他们在听材料时用母语回答；听以正常语速播放的已学过的对话；鼓励学生自由选择听力材料，然后口头或书面表达所听内容。教师应尽可能为学生提供听英语的机会和条件，通过大量听觉接触英语，逐步提升他们的听力能力。

1. 综合训练分析性和综合性的听力技能

分析性听力是指为了应对听力题目中对细节的考查，而进行逐字逐句的深入聆听和分析。这要求学生在听的过程中关注每一个词，如对题目中要求回答的事件发生的时间、地点、年份、数字等细节，学生需要在听的时候特别留意并简单记录。综合性听力则是对听力材料进行整体上的粗略理解，这种能力可以应对听力题目中对材料主旨和整体思想的考查。这通常是理解短文类听力材料的第一步。在实际的听力训练中，由于听力题目既包含细节问题，又需要对材料有整体的理解，因此学生需要将分析性听力与综合性听力结合起来，以满足题目的要求。每个听力活动都应该有其明确的目的，旨在训练一个或多个具体的听力技能。一个听力活动可以有一个或多个训练目标，但要注意不要给不同阶段的学生带来过重的学习压力。让学生清楚地知道每次听力理解的目标，这将帮助学生选择合适的听力技巧进行练习。为了达到听力活动的目的，教师应采用多种方法进行综合训练，避免单一的听力训练导致课堂气氛单调，使学生对听力练习失去兴趣。

2. 结合分散训练和集中训练

分散训练是指将听力训练融入语音、词汇、语法和课文等教学中，通过语言教学让学生在不知不觉中接受听力训练。例如，在词汇教学中，学生应在掌握词汇用法的同时，学会正确发音并理解该词汇在句子中的用法。以“conscience”一词为例，学生首先应掌握其正确发音 [’krɒnʃəns] 并区分于“conscious”[’kɒnʃəs]，以避免在听力中混淆；分散训练要求教师在日常教学中尽量使用地道的英语，通过口头完成例句和文章，以此隐性训练学生的听力。集中训练则是在分散训练的基础上，每周安排 1 ~ 2 课时进行大量、有针对性的强化训练，针对学生在听力中遇到的具体问题提供帮助和指导。例如，对于“tomato”一词，如果学生在听力中听到的是 [ts’meitau] 而不理解其意，误以为是“potato”，教师就需要指出“tomato”在美国和英国发音上的差异，帮助学生消除理解障碍；在集中训练时，可以有针对性地挑选听力理解的难点，如词语的连读、弱读等，对学生进行训练，以减少学生在这些方面的理解偏差。

3. 听力与口语的有机结合

听力理解不应被视为一种被动的活动，而是一个主动的、需要创造性思维的认知过程。学生对于听力材料的反馈反映了他们的理解程度，因此，教师应通过观察学生对所听内容的反应来评估他们的理解情况——这种观察可以是书面的（如听力测试题），也可以是口头的。例如，教师可以要求学生口头复述所听材料或关键句，这样做有助于加深学生对听力材料的理解。听力和口语作为输入和输出的技能，它们之间存在着密切的联系，相互促进。因此，在训练听力的同时，结合口语训练，让学生看到听力训练的成效，这样可以增强他们的信心和对听力练习的兴趣。

（三）符合交际需要原则

听力训练的根本目标是培养学生理解地道英语的能力，以满足交际的需求。在日常教学中，教师应坚持使用正常语速的英语进行教学，并对自己有严格的要求，力求发音准确无误。因为听录音是提高听力的有效手段，所以教师应充分利用各种电子教学设备，让学生多听地道的英语，并让他们习惯于听不同年龄、性别、身份的人在不同场合的发音。偶尔也可以让学生听一些流行的英文歌曲，以此来提升他们的学习兴趣。

同时，我们必须充分了解影响听力理解的主观和客观因素。听是语言习得的第一步，说的能力是建立在听力能力之上的。然而，在我们所处的非外语环境中，学生通常是通过阅读和写作来获取英语知识，很少有机会练习听和说，这导致了听力理解上的困难。具体来说，存在三个方面的困难：首先是语言层面的困难，包括语音、词汇、语法；学生平时发音不准确，无法分辨长短音，难以区分“thirteen”和“thirty”、“heat”和“hit”等词；另外，学生平时缺乏模仿练习，听力材料中的略读、连读等现象也会增加理解难度；对词组搭配、习惯用法不熟悉，不了解句子结构，这些都会造成听力障碍。其次是内容层面的困难，听力材料涵盖广泛，包括风土人情、政治新闻、趣闻逸事、科技、地理、文化教育等，如果学生的知识面不广，即使能听懂单词和句子，对整体内容的理解也可能出现偏差。最后是心理层面的困难，学生在做听力题时往往感到紧张，越是想要逐字逐句地听，越是跟不上节奏，遇到生词或不懂的句子就会停下来思考，而听力材料已经转向下一部分，这样学生就会感到慌乱，失去信心，影响听力效果。听力教学的原则与方法相互影响，密切相关。教学原则指导教学方法，教学方法以原则为基础。因此，针对上述听力教学原则，我们可以考虑采用以下听力教学方法：

第一遵循听力教学应逐步深入的原则，我们需要从简单到复杂、从容易到困难进行教学。可以从听单个字母和单词开始，逐步过渡到听句子和篇章。具体方法包括：教师设计一些辨音选词的练习，通过口头或磁带的形式提供给学生，以此提高他们的语音辨识能力；在此基础上，让学生听句子，教师可以选择日常课文中的复杂语法结构或特殊语言表达习惯的句子，口头读出，并通过学生的重述来检验听力效果，这样的听说结合和师生互动有助于必要时分析句子结构和讲解用法，为学生理解清除障碍。

第二，为了训练学生的分析性和综合性听力能力，我们应该鼓励学生在听之前先看题目，即带着问题去听，这样可以减少盲目性，增强针对性。教师可以设计一些练习来训练学生的分析性听力，如细节题，涉及故事发生的时间、地点等；对于综合性听力训练，则要求学生在听完材料后，给出“general idea”；最实际的方法是将分析性和综合性听力训练结合起来，在同一听力材料中既包含细节题也包含大意题。

第三，基于分散训练和集中训练的教学原则，我们应该遵循逐步深入的原则，从简单到困难，即从分散到集中。平时所做的无意识听力训练最终是为了服务于集中的综合听力训练，因此这里不再赘述。

第四，为了实现听说结合，可以采用“2R”方法，即“Repeat”和“Retell”。Repeat（重复）：让学生重复听力材料中与题目相关的关键句子，以此锻炼他们敏锐捕捉信息点和提高反应速度；Retell（重述）：教师引导学生用自己的话重述所听内容，这样有助于学生全面理解听力材料。我们不应该只是为了听而听，而应该将听懂的内容能够说出来，使听说能力真正相互促进、相得益彰。

第五，在认识到造成听力理解困难的主客观因素后，我们应在日常训练中逐步克服这些困难。对于语言上的困难，教师应从语音、词汇、语法三个方面入手，这些基础知识应贯穿于英语教学的始终；对于内容上的困难，教师可以通过让学生大量泛读来拓宽知识面，这里的泛读不仅包括英语文章，也可以是汉语文章，不仅限于学生感兴趣的文章，如趣闻逸事、文化习俗等，还应包括科技博览、政治经济等文章，如《中国日报》《疯狂英语》《英语世界》等报刊上的文章；对于心理上的困难，需要长期训练，最重要的是树立自信心。如果前两个困难都能克服，心理上的困难也将迎刃而解。

实际上，大学英语教学工作者在听力教学中都在自觉或不自觉地遵循和应用这些方法和原则。无论如何，要使听力教学真正适应素质教育的要求，实现系统化、有章可循，并适合中国学生的特点，需要将听力教学贯穿于英语教学的始终，以此体现听力教学在英语教学中的重要地位。

六、英语听力训练中的策略

听力策略是在听力过程中展现和运用的，主要包括以下几种：

（一）调节策略

在聆听一篇课文时，学习者可能会出现注意力短暂中断的现象。听力较强的学习者会迅速察觉到注意力的分散，并能够迅速将注意力重新集中到听力材料上；而听力较弱的学习者则可能会只关注前面的内容而忽视后面的内容，一旦遇到生词就会停止聆听，陷入对生词的沉思，无法将注意力重新拉回到听力材料上。

（二）切分策略

通过观察我们发现，听者对不同长度的信号在反应时间上没有显著差异，一个意群的感知速度不会慢于音素的感知速度。听力较强的学习者能够根据讲话者的语调和停顿，将口头话语划分成尽可能长的意群，因为任何叙述都会根据段落和意义进行停顿。如果听者的切分与讲话者的停顿相匹配，就能显著缩短听者对语言符号的反应时间，使听者更有效和准确地理解语篇。而听力较弱的学习者则倾向于以单词为单位，希望听清每个单词，但最终往往只能记住零散的几个词或句子，无法对整个语篇形成一个整体的理解。

（三）记忆策略

通常情况下，如果听者不采取适当的策略，记住长段内容和所有细节将非常困难，这会影响对材料的准确理解。听力较好的学习者通常在听音过程中擅长利用英语的停顿和节奏等特征，抓住时机迅速记下关键信息，并在需要时通过笔记等方式迅速唤起已有记忆，实现音、义、形的快速联系，从而正确理解语篇；而听力较差的学生则不擅长做笔记，不知道应该记什么，也抓不住做笔记的最佳时机，听的时候不能写，写的时候不能听，有时因为速度太慢而顾此失彼，无法两者兼顾。

1. 预测和选择策略

在聆听一个语篇时，听者无须也不可能听清每个单词或句子。听力较强的学习者在听语篇时善于通过预测来选择关键信息，他们通常能够根据选项推断出材料的大致内容，预测可能出现哪些专有名词、会提出哪些问题，这样他们就可以争取主动，对即将听到的语篇有预判，解题时也更加得心应手。

此外，这类学习者还擅长捕捉段首句、主题句和过渡性词语等来掌握段落内容、中心思想，厘清句子与句子、段落与段落之间的逻辑关系，从而完整地理解整个语篇。这是因为段首句通常是表达段落中心思想的主题句，它简洁明了地告诉听者段落的内容，而过渡性词语则展示了出题人的思路、时间、空间、举例、对照、比较、引申、转折、推论和总结等逻辑关系，对于整个语篇的理解起着重要作用。听力较差的学习者则往往抓不住重点，局限于单词或句子层面，常将注意力集中在具体的词和句子上，抓不住文章的主要信息，只见局部而不见整体。

2. 联想策略

联想策略是指将新信息与先前知识或其他新信息内容相结合的策略。这是一种促进理解和记忆的先进策略。听力较强的学习者擅长将新信息与已有知识相结合，他们不仅能充分利用现有信息推导出其他信息，还能通过将新信息与先前知识相类比来推测不熟悉单词或词组的意义。此外，听力较强的学习者还善于运用个人经验对新信息进行评论性判断。而听力较差的学习者则不能充分利用现有知识，对新材料缺乏深入理解，因此无法将新信息与自己的生活经历联系起来。

3. 推理策略

推理策略是指利用已有知识和听力材料中的新信息来推测意义或补充缺失信息的策略。在交际环境中，大量信息的获取并非仅靠简单输入词句结构，而是在很大程度上依赖于利用现有知识，结合讲话的具体环境、讲话者之间的关系等隐含线索，对输入的新信息进行逻辑推理。听力较强的学习者由于具备记忆听力资料、选择要点、解析资料以及将知识与经验相结合等能力，容易在已有知识、段首句、主题句以及具体语境的启发下推断出生词的词义、语篇的中心思想以及材料深层的隐含意义；相反，听力较差的学习者由于缺乏各种听力理解策略，因而在推理方面表现不理想，其理解水平仅限于材料表面的词句结构，无法对语篇进行准确和深入的理解。

在听力教学过程中，教师需要关注两个关键方面：首先，帮助学生构建与教学内容相关的图式。这涉及文化背景知识的传授，如英美国家的政治、经济、宗教和习俗等。同时，也不能忽视语言图式的建立，包括语音、词汇、语法等方面的基础知识。学生需要打下坚实的语音基础，只有自己的发音标准，才能确保听力准确。他们应该熟悉并掌握英语的音素、音节、重音、音的同化、失去爆破、音节的重读和弱化，以及词与词构成的意群、句子的语调等，还要能够区分和听懂英式和美式等不同的音调和风格。其次，教师需要设法“激活”学生头脑中已有的图式，充分调动他们的知识和经验，从而增强他们吸收新知识的能力。从教学组织的角度来看，充实学生的知识图式结构比激活它更容易实现。在课堂上，教师应有序、有步骤地训练学生掌握一些单项听力技巧，如用一个或几个词、一个短语或一个句子来概括，这类题目要求学生听懂材料内容，并对其进行归纳和概括。

教师在课堂上应将听力理解训练放在重要位置，并鼓励学生在课外通过多种渠道接触听说，强化这方面的能力。学生平时应加强朗读英语文章，坚持不懈地广泛听取各种英语有声材料。教师可以将听力教学分为三个阶段：听前、听中和听后。在听前阶段，教师可以通过预测练习或利用关键词来提示材料的背景、范围、功能，激活学生内在的相关词汇、句式和其他已知信息。对于听力测试材料，学生需要多听、反复听，确保凡是能看懂的都能听懂，深入理解考试的要求，这样才能够稳步提高听力技能，轻松应对听力理解考试。

第三节　大学英语写作教学

一、英语写作教学概述

写作是一种语言表达技能，它是英语听、说、读、写四项技能中对学习者要求最高的一项。在英语写作过程中，学生不仅需要掌握拼写、标点等基本写作知识，还要具备用英语词汇构建句子的能力，并且能够用英语思维方式创造性地、逻辑性地表达思想。因此，英语写作教学对教师提出了较高的要求。

从写作的功能来讲，写作是交际的一种需求，书面交际能够跨越时间和空间的限制，实现作者与读者之间的沟通。尽管现代科技非常发达，人们可以通过各种通信手段进行口语交流，但仍然有很多交际活动需要通过书面形式完成。此外，从英语学习者的角度出发，写作在英语学习过程中也扮演着重要角色。提高写作能力可以推动听、说、读能力的提升。写作是一种语言实践，它能在培养学习者交际能力的过程中起到桥梁作用。写作不仅有助于巩固通过阅读和听力输入的语言材料，促进语言知识的内化，提高语言运用的精确性，而且还能为口语能力的实质提升打下坚实的基础。

（一）写作教学的重要性

在四种语言技能中，说话和写作都属于输出技能。在大学英语课程中，写作是一门层次较高、地位重要的课程。然而，许多学生误以为只要能说英语，就能写英语，因此对写作的兴趣远不如阅读、听力和口语。在实际教学中，教师对写作的重视程度也往往不如精读课文和听说训练。实际上，英语写作从某种程度上反映了英语教学的核心。俄罗斯认知心理学家 Vyostsky 强调了书写语言作为一种独立语言功能的地位，它在结构和功能上与口头语言有所不同。美国社会语言学家海姆斯也指出，说话和写作并非简单的相互替代，它们的发展路径有显著差异。例如，写作是一种需要学习的技能，是一种人为创造的方式，而说话则是自然发生的。通常情况下，说话依赖于说话时的环境，而写作则必须创造自己的环境，即上下文。写作时，读者不在场；而说话时，则有听众在场。写作产生的是一种可视的文字产品，而说话则不然。也许正因为如此，写作比说话更加严格，更具责任感。写作要求作者在选词造句和联句成篇的过程中进行认真的思考，这无疑是一种积极的助学方式。

写作过程是将思维转化为文字的过程。通过写作，我们可以看到人们的思考方式。如果一个学生写作不清晰，那么可以认为他思考不清晰；如果他的文字组织得不好，那么可以说他的思维混乱。写作能力可以说是衡量一个学生英语水平最重要、最全面，或者说最权威的标准。一个人的英语语法观念、语言思维能力、语言基础，以及英语语言文学修养和知识面，只要阅读他用英语写的文章，我们就能有一个全面、准确的了解。

（二）汉英思维及语言差异

在英语写作过程中，许多学生错误地认为用汉语构思不会影响他们的英语篇章。他们认为自己写不好英语作文主要是因为词汇量不足。他们没有充分意识到汉语和英语是两种截然不同的语言。虽然它们有一些共同点，但更多的是差异，这些差异在写作上尤为显著。在句子结构上，英语强调逻辑、理性和组织，即逻辑优先于语法。英语的表达形式严格遵循逻辑结构，句子组织严密、层次分明。因此，在句法上，英语句子大多遵循“主语 + 谓语”或“主语 + 谓语 + 宾语”的排列。相比之下，汉语的句子结构机制较弱，句子结构本身较为松散，主谓宾没有明确的形态标记，主谓关系较为宽松，宾语没有固定的位置。汉语的主语起承接功能较弱。汉语的思维方式强调主观感受和意念表达，将理性功能和交流目的融入直觉，不太注重逻辑形式，也不太执着于结构规范。

在语篇结构上，由于西方价值观的差异，英汉语篇模式也存在显著差异。英语遵循线性语篇模式，通常从抽象到具体、从一般到特殊，并侧重事件发生的顺序。英语对客观现象的探讨较为深入，并以此组织设计段落情节。文章的结构层次感和独立性较强，内容围绕一条主线展开，即开头点题，先陈述段落的中心思想，然后分点说明，为后续段落增加其他意义做好准备；结尾呼应开头，概括全文。每个段落都有一个中心议题（主题句），通常置于句首，告知读者这一段落要讨论的内容。此外，英语篇章的关键在于段落的展开必须根据主题句、主导思想和文章内容等来确定最恰当的写作手法，如对比法、举例法、因果法、列举法等。采用何种手段既要考虑该段落的目的和作用，又要考虑其扩展方式和选取的细节，还要考虑细节材料的排列方式和顺序，以便段落内各句之间衔接连贯。相比之下，汉语的语篇模式呈现螺旋型思维模式，特点是语段字斟句酌，较为严肃，常通过多种对比方式对中心思想进行螺旋型重复，使用倒叙、插叙较多。在篇章结构上，汉语讲究总体布局，开头、主体、结尾要求统一考虑，使之相互联系、相互制约。汉语开头形式多样，没有固定的主题句。主体部分的层次安排，不同体裁的文章，其层次方式各异。

二、大学英语写作教学面临的主要问题

（一）教学理论的学习和教学思想的运用问题

外语写作教学的理论研究起源于20世纪50年代，但当时的研究并未建立起科学的体系。直到20世纪80—90年代，国际上的二语写作教学理论才得到快速的发展。然而，我国的外语研究者对第二语言写作研究的兴趣并不浓厚。这种现象的原因是多方面的：首先，受到交际法教学思想的影响，过于注重口头交际能力的培养，而忽视了写作能力的发展；其次，在二语习得理论的发展过程中，对书面话语的产出研究没有得到足够的重视，这在客观上削弱了书面能力的培养和研究；最后，经济与教育的全球化趋势迫使教育行政部门将培养口头交际能力作为外语教育的重要目标。由于对外语教学理论与思想的理解和运用不够，英语写作研究的边缘化导致了英语教学者对该学科的教学理论关注不足，教学思想变得过时，这进一步影响了教学模式的确定、教学方法的运用、教材的编写与选用，以及教师的专业化发展和学生写作学业评估等方面，严重制约了英语写作教学的进步。

（二）教学模式和教学方法的取舍与运用问题

在外语写作教学的历史中，教学模式已经经历了多个阶段，包括20世纪40年代的文本分析阶段的控制性作文模式、60年代的对比修辞模式以及70年代兴起的写作过程模式。这三种模式的结合构成了现代写作教学的核心观念。同时，相应的教学方法也不断涌现，如结果法、过程法、体裁法等，以及这些教学法的结合或变体，如体裁过程法、体裁对比分析法、任务教学法等。理论上，对写作教学模式和教学法的研究探讨可以推动写作教学的进步。然而，尽管对新教学法的讨论和研究不断，但在实际教学中，传统的语法翻译法仍然是许多高校的主流。大多数英语教师对国内外先进的写作教学理念知之甚少，即使有意关注，面对众多教学法也难以抉择，更不用说在考试压力和有限的教学时间内进行尝试了。因此，遵循传统教学方法成为一种安全的选择。当然，也有教师尝试在写作教学中引入新的教学法，但由于对这些方法的理解和运用存在机械模仿的问题，因此难以达到令人满意的效果。

对新教学法的怀疑使得教学回到了老路，依然采用传统的成果教学法或更机械的形式法，强调句子结构、语法等抽象概念，教师仍然处于教学的核心位置，学生则被动地接受知识。这种教学模式的另一个副作用是学生写作学习的评价存在偏差，通常只对学生的作品进行评估，而且评估标准多以考试为依据，侧重于语言方面的评判，如选词、句子、语法等。至于学生在学习写作过程中的认知表现、情感表达、思维能力、社会交流、问题发现、信息获取、处理和管理学习、自我发展等方面的形成性评价则很少涉及。长期如此，写作课程教学逐渐失去了培养人才的作用，写作教师也在困惑中失去了创新的动力。

（三）教材的选用和教学内容的创新处理问题

功能意念的创始人威尔金斯在 20 世纪 70 年代提出了一个理论，即教学材料的选择应当基于学习者的“需求”和“目标”。他主张“在决定教什么时，首先应当考虑学习者需要通过外语进行哪些交际活动”。交际法的权威威多森则强调语言的“潜在使用价值”，并认为所选教学材料应当是对学习者最为有用、最有可能在未来的交际活动中使用的语言要素。这表明，分析学习者的需求是编写和选择教材的关键。因此，以语言在交际中的“应用”为核心编写的英语应用文成为写作教学的优先选择。然而，实际上我们面临两个主要问题：首先，英语写作教学至今没有专门使用的教材，写作内容仅作为基础英语教材的一部分，散布在各个单元的练习之中。教师在教学中往往将写作视为一项练习，一带而过，这导致写作学习缺乏系统性。其次，至今尚未有一本在体裁分析理论指导下编写的英语应用文写作教材。大多数教材对体裁意识不够重视，过于注重写作知识的传授，而忽视了培养学生对语篇的分析和评价能力。

三、大学英语写作教学法研究

为了解决大学英语写作教学中存在的问题，提高教学水平，大量学者研究提出了卓有成效的写作教学方法。

（一）成果教学法

成果教学法起源于20世纪60年代中期，是一种传统的写作教学方法。高尚昆教授指出，该教学法侧重于写作的最终成果，教师首先分析范文，学生模仿范文进行写作，然后教师进行批改，评述文章的内容、结构、措辞、语法等方面。苏杭和杨磊认为，成果教学法是一种基于行为主义理论的传统教学法，教学过程是教师提供刺激、学生做出反应的过程。余苏和连燕华讨论了成果教学法在当前大学英语写作教学中的可行性和问题，她们认为，由于中国的学生是在外语环境下学习英语，对大多数非英语专业的学生来说，英语写作能力较弱，如果在写作前不提供适当的指导，学生往往会感到无从下手。此外，成果教学法要求学生在一定时间内完成作文，这有助于提高学生的写作速度，锻炼他们在有限时间内迅速构思、组织材料、落笔成文的能力。应用语言学家Hyland指出，传统的成果写作法关注写作成果以及成品文本的形式、结构等方面。在大学英语教学中，这种方法形成了学生独立写作、教师独立评阅的单向交流模式。总的来说，成果教学法的优点在于提供了丰富的语言输入和充分的模仿训练，帮助学生分析不同类型的文章，熟悉它们的写作特点，让学生对文章的内在结构有清晰的认识，减少未来写作时的困难。然而，成果教学法也存在不足之处：首先，它过于强调语言知识和语法能力，而忽略了社会情境；其次，它更注重语法结构而非语义和语言功能；再次，它过分强调写作的最终结果，忽视了写作过程中早期的构思和计划，而且很大程度上是以教师为中心的，学生显得较为被动。

（二）任务教学法

任务教学法源自英国学者Prabhu的语言和学习理论，诞生于20世纪80年代。Prabhu提出，以教师为中心的课堂往往采用固定的师生互动模式，这种模式可能会阻碍自然语言的学习，因此需要以学生为中心的课堂互动模式来替代，而任务教学法恰好满足了这一需求。任务教学法强调课堂教学活动应始终围绕特定的教学任务进行，更加注重将所学的语言知识应用于写作活动中。

任务教学法是一种倡导“在实践中学习”的语言教学法，其核心特征是以“任务”为基本单位来规划和组织教学。它的直接目标是为学生提供一个自然的语言学习环境，培养他们应对现实生活中交际问题的能力。

在任务教学法的实施方面，Willis 提出了几项原则：首先，提供有价值且真实的语言材料；其次，实际运用语言；再次，所选任务应能激励学生使用语言；最后，适当关注某些语言形式。基于这些原则，她提出了任务实施的三个阶段：任务前准备阶段、任务环阶段和语言焦点阶段。

尽管 Willis 没有为英语写作教学中的任务教学法提供具体的操作步骤，但我们可以根据她提出的三个阶段理论，将写作教学过程划分为三个相应的阶段：准备阶段、执行阶段和反思阶段。

准备阶段：教师需要设计作文题目，并搜集与题目相关的素材，如视频、广告、音频、新闻等，以激发学生的写作兴趣。同时，教师应向学生介绍相关的背景知识、专业词汇和规范表达，鼓励学生深入讨论主题的内涵，并帮助学生解决讨论过程中遇到的问题。

执行阶段：学生需要在规定时间内独立完成写作任务，进行实际的创作。之后，学生可以成对或组成小组，就自己的作文进行讨论和规划，共同准备讨论稿。

反思阶段：小组以口头形式向全班展示他们的学习成果。在这个过程中，教师扮演主持人的角色，确保任务流程的顺利进行，并根据学生的展示提供反馈。教师应先分析学生的展示，然后对文章的主题、例句和观点提出评价标准，根据这些标准评价学生的作文。学生之间可以交换初稿，并根据评价标准进行修改和重写。教师需要深入小组，了解学生普遍存在的问题，并针对这些问题进行补充讲解和练习，以巩固语言形式。

任务教学法的主要优势在于它鼓励学生从被动学习转变为主动学习。同时，这种方法对教师的能力要求较高，需要教师精心设计任务，并结合学生的兴趣特点组织教学材料。教师在引导学生探讨任务过程中需要具备较强的组织能力，并能适时启发学生思考，对学生完成任务过程中出现的错误要有敏锐的洞察力，并及时提供帮助。此外，任务教学法还要求学生积极与教师配合，紧跟教学进度，发挥主观能动性，勤于思考，这样才能够最大限度地利用这种方法提高学生的英语写作能力和语言综合运用能力。

（三）过程教学法

过程教学法起源于20世纪80年代，融合了语言学、心理学、社会学和认知学的研究成果。其理论基石是交际理论，该理论认为写作是一个群体间的交际互动过程，而不仅仅是写作者个人的行为。过程教学法旨在培养学生的交际技能，要求教学目标具有交际性，强调在真实的社会环境中使用真实语言进行交际活动。这种方法重视写作过程而非结果，其主要特点如下：

（1）教师角色的转变。在课堂上，教师的角色从主导者变为与学生平等的写作者、批判性读者、教练和编辑，负责将所有写作活动转变为协作性学习过程，确保每个学生都能积极参与。

（2）写作目的和意图的强调。过程教学法认为写作是一种社会交际活动，学生写作不是为了教师，而是为了与读者进行有效交际，读者不仅包括教师，还有同伴。

（3）反馈和评改的重视。反馈主要来自教师和同伴，评改则是教师、同伴和作者共同参与的过程。

在过程教学法中，写作活动关注内容的深入挖掘和表达，强调学生在写作过程中的主体性和能动性。学生不再是被动接受刺激后做出反应的客体，而是教学活动的主体，这种教学法为学生提供了更多创新性的活动。然而，由于教师在学生写作前缺乏足够的指导，学生没有范文可供参考，对一般写作模式缺乏清晰认识，导致学生在撰写初稿时往往随意写作，结果初稿中可能出现严重的组织结构问题，难以达到教学预期效果。

四、大学英语写作教学的目标和原则

（一）大学英语写作教学的目标

随着社会的进步，非英语专业大学毕业生需具备更高水平的英语能力。人才市场对求职者的要求也随之提升，流利的外语交流能力已成为评估工作能力的关键指标。为了满足这一新趋势，《大学英语课程教学要求》对学生书面表达能力设定了明确的标准：

基本要求：学生应能完成常规写作任务，如描述个人经历、观点、情感和事件等，能撰写常见的应用文。在半小时内，学生应能就一般性话题或提纲写出至少 120 词的短文，内容要基本完整，中心思想明确，用词得体，语义连贯，并掌握基本的写作技巧。

进阶要求：学生应能就一般性主题表达个人看法，撰写所学专业论文的英文摘要，以及英语小论文。学生还应能描述不同类型的图表，并在半小时内写出至少 160 词的短文，内容要完整，观点明确，条理清晰，语句流畅。

高级要求：学生应能用英语撰写所学专业的简短报告和论文，能书面自如地表达个人观点，并在半小时内写出至少 200 词的说明文或议论文。文章要有清晰的思路表达，内容充实，结构明确，逻辑性强。

（二）大学英语写作教学的原则

1. 循序渐进原则

在当前的英语教学中，学生通常有更多的时间被动接受知识，而不是主动运用知识进行实际交流。说和写作为语言输出的关键环节，在教学中的地位相对较弱，学生很少有机会通过实际使用语言来提升语言能力。从中学到大学的写作教学缺乏一个连贯的循序渐进的过程，存在着较大的跳跃。教师应当为不同层次的写作教学设定明确的目标，每个阶段都应该有明确的重点，从基础到高级、由浅入深、由简单到复杂，逐步推进、环环相扣地进行训练。英国语言学家 L.G. 亚历山大在其写作指导原则中强调了分阶段教学和循序渐进的重要性。卜玉坤教授基于这一理论，研究和尝试了“大学英语写作分阶段教学的具体方案”，将写作教学过程根据知识层次和写作特点划分为十个阶段：①写简单句；②写复合句；③段落构成及要点；④段落发展方法；⑤文章文体类别；⑥文章结构；⑦写作步骤；⑧写作的书面技术细节与修辞手段；⑨范文分析和题型仿写；⑩独立撰写实践。不同教师的教学阶段划分和教学重点可能会有所不同，但遵循从易到难、从简单到复杂、从低级到高级的循序渐进方法是写作教学的基本原则。

2. 对比原则

我国语言学家王力先生曾提出，外语教学最有效的方式是采用中外语言的比较教学法。语言学家吕叔湘先生也表达了类似观点，认为对中国学生最有帮助的是让他们了解英语和汉语之间的差异。在词形、词义、语法范畴、句子结构等每一个具体问题上，都应尽可能用汉语的情况与英语进行比较，以便学生通过这种比较获得更深入的理解。外语学习与母语学习不同，一方面，外语学习缺乏母语学习时的自然语言环境，无法以自然的方式习得；另一方面，外语学习通常在母语水平达到一定程度后进行，因此不可避免地受到母语的影响。母语和外语都是语言，既有相似之处，也有差异。通过比较它们的异同来学习，可以事半功倍。在写作方面，汉语（母语）写作是基于汉语口语技能的发展，写作教学的主要任务是使口头语言书面化、逻辑严密化、思维清晰化，以满足写作规范；而英语（外语）写作则不同，写作者通常不具备完善的英语解码和编码能力，但已具备一定程度的汉语写作能力。如果不在语言的各个层面上进行系统的区别和比较，这种能力会不自觉地迁移到英语写作中，导致中式英语的出现。学生写作中的错误，大多数是由于汉语的负向迁移造成的。例如，汉语中的动词没有时态概念，名词没有单复数的词形变化，这些汉语语言知识如果直接迁移到英语中，就会产生如“I go downtown yesterday. John receive present from Mary two day ago.”这类语法错误严重的句子。

五、写作教学改革的新思路

在各种语言技能中，写作能力的提升尤为困难。仅仅向学生传授写作理论知识是远远不够的，更重要的是要通过反复实践，让学生将理论知识转化为熟练的写作技巧。英语写作是一项涉及多方面能力的语言技能，要在教学中提高或掌握这项技能，必须有计划地进行系统性的训练。

（一）重视实用英语写作的教学

刘润清教授曾强调，教育旨在服务社会，外语教育也不例外。根据大学英语新教学大纲的要求、学生的实际需求以及社会对人才的标准，强化实用英语写作的教学显得尤为重要。学生可能对议论文、说明文、记叙文的写作模式较为熟悉，但在撰写申请表、个人简历、求职信、通知、祝贺卡等日常交流中不可或缺的文体时，往往感到无从下手。这种明显的不足不仅影响了学生的日常沟通，也可能对他们未来的职业发展或在国内外深造造成障碍。

（二）听、说、读、写、译相结合

1. 听写结合

听力不仅是一个理解和记忆的过程，也是语言输入的重要途径。学生可以利用自己的语言知识和文化背景知识来加深对听力材料的准确理解。原文的篇章结构、模式、语言风格以及恰当的语言表达方式，都为写作提供了必要的素材。在课堂上，教师可以利用几分钟的时间，挑选一些简短有趣、难度适中的幽默故事、科普文章或课文摘要，对学生进行听写练习。这些文章中使用的是学生已经学过的常用词汇和语法，从简单到复杂，逐步提高难度。教师应鼓励学生将听力训练中学习到的单词、句型和地道表达方式应用到日常写作中，这将极大地丰富他们的写作素材和表达方式，使他们在写作时更加得心应手。

2. 说写结合

在写作过程中，口语表达扮演着重要角色。Weissberg 认为，“课堂讨论不仅有助于母语写作者，也有助于二语写作者发掘写作题材、进行文字编码，并进一步理解写作过程的各个方面。”因此，在写作前组织围绕作文题目的讨论是非常必要的。学生可以分组围绕主题进行讨论，深入挖掘写作内容，相互启发、拓宽思路、集思广益。通过说写结合的模式，学生的写作思路会更加清晰，内容更加丰富，语言更加地道，写作兴趣也会更加浓厚。

3. 阅读促进写作

广泛阅读是语言输入的关键途径之一。常言道“巧妇难为无米之炊”，如果没有语言输入，那么语言输出就会成为无源之水、无本之木。阅读是理解他人思想、了解外部世界的手段；而写作则是表达个人思想的方式。一个人的写作能力在很大程度上取决于其阅读理解能力。同样，提高写作能力也有助于提升阅读理解能力。两者相辅相成。众多研究显示，阅读能力较强的学生在措辞、句子结构、谋篇布局和语言风格等方面通常优于阅读能力较弱的学生。因此，在阅读课堂上，应着重引导学生分析作者的写作意图和思路，掌握文章的整体内容；并鼓励学生大量阅读英语原著，从中吸取养分，学以致用。这样不仅提升了学生的阅读能力，也增加了语言输入，培养了语感，使学生的写作更加生动、内容丰富。

针对学生在写作时思路不清晰、抓不住主题、写作偏离题目、掌握不好段落和篇章写作技巧等问题，阅读课堂上应特别重视培养学生的语篇分析能力。培养语篇分析能力即是培养学生认识和分析段落以及这些段落如何连接起来形成表达完整思想的文章，使他们在阅读完整文章后能够理解文章的中心思想，了解作者的写作意图、观点和态度，从而推动并提升他们的写作能力。

4. 以译助写

经验证，写作能力与翻译能力之间存在紧密的联系。由于学生对地道英语表达方式的掌握不足，常常出现中式英语的表达，这是教师在批改作文时最感困扰的问题。为了克服这一难题，我们可以安排一些汉译英的练习，通过对两种语言在词汇选择、句法结构、表达习惯等方面的对比分析，帮助学生熟悉英语的表达习惯，减少汉语思维的负面影响。持之以恒的翻译练习将直接促进学生写作能力的提升。

（三）让学生认识到写作具有交际功能

要让学生意识到写作具有的交际功能。在写作者心中应有潜在的读者对象，而不是单纯地为写作而写作。语言学提出，语言作为一套独特的符号体系，承载着人类的交流与思维活动。这些活动并不依赖于直观的表现形式，而是通过篇章的构建来完成。虽然作家在创作时会用到字词等基础元素，但这些元素单独存在时无法承载或显现任何社会文化的意义。为了传递社会意义，作者必须精心挑选词汇、串联句子、布局信息并顾及语境，确保所传递的信息具有连贯性、完整性和一体性，以实现语言的交际目的。语言的交际功能至少包含三个方面，而学生在写作过程中，正是在运用语言来实现这些功能。

1. 要表达自己的思想，即英国语言学家韩礼德所说的“达意功能”

克拉克和海威兰德提出，每个陈述句都包含“已知”与“新”信息两部分，并且在构建语句时，应尽可能确保听众对每条“已知”信息都能追溯到一个且仅一个先前的信息。若不遵循这一原则，可能会导致两种不良后果：一是句子含义不明确，二是句子显得冗余。有些句子可能几乎不包含新信息，仅仅是重复之前的内容，这种句子被认为是“废话”。而有些句子由于“已知”信息不足，与上下文不连贯，使得读者对内容感到困惑。在学生的写作实践中，我们经常观察到这种现象：即便传达的信息目的相同，不同学生所传递的信息量和表达方式却大相径庭。有些学生能够以最精练的信息量实现最佳传达效果；而有些学生虽然写得条理清晰、语法正确，但读起来却让人感到枯燥，这可能是因为句式过于死板，且信息重复过多。

2. 写的东西是要给人读的，至少目前教师要读，即“人际功能”

奈斯特兰德曾经提出，在书面交流中，作者与读者之间的互动是一个显著的特点。既然是书面交流，那么书面语言就应该具备精确性、简洁性和规范性。然而，学生仅凭对语法知识的掌握，写出语法正确的文本是远远不够的。因为写作不仅仅是语法练习，仅仅将语法正确的句子堆砌起来并不能构成文章。作者需要清楚自己的目标读者。因此，在某些情况下，对文体知识的掌握比语法知识更为关键，尤其是当他们的交流对象是英语为母语的人时。

3. 写的东西要成为前后连贯、表达有力的文章，即“语篇功能”

连贯性是语篇的一个核心属性。为了构建一个连贯的语篇，可以从宏观的角度采取三种策略：首先是信息结构，即在已有信息的基础上逐步引入新信息。在写作中，通过重复或参照之前的内容，可以保持思维的连贯性。其次是主题—辅助句结构，每个段落都应有一个主题句，而该段落中的其他句子则应作为辅助句，用来解释或阐述主题句的内容。最后是事件顺序结构，即按照一定的顺序清晰、有序地陈述各个事件。

六、大学英语写作技巧指导

（一）自由写作

自由写作是一种促进思维活跃的活动，它仿佛是一扇开启思维和情感的大门。在当前流行的写作过程教学法中，自由写作是创作阶段的核心活动之一。它的核心目标在于减轻写作的心理负担，激发创造性思维，并探索文章的主题。强调自由写作的重要性，第一，生活的需求。写作学习的首要目标应当是为了生活和终身学习服务。在日常生活中，大量的写作需求来自表达个人的生活体验和思想感情，这自然涉及个人的立意、选材和构思，因此，“自由写作”更贴近写作的本质，更加自然、真实，也更能满足生活的需求。第二，强调自由写作是为了培养创新意识。在当前社会，这一点尤为重要，通过“自由”写作，学生在写作过程中学会发现问题、独立思考，并形成自己的观点。第三，写作过程实际上是一个学习社会、认识世界，并学会做人的过程。强调自由写作和自由发表，让学生能够更加多样化地表达他们的思想和价值观，增强师生之间的交流，为教师了解学生和指导学生提供了平台。

1. 自由写作的特点

（1）不必担心如何吸引读者的开头，不必规划先写什么后写什么，也不必考虑如何衔接，只需让思维自由驰骋，让想法像溪流般自然流淌。

（2）连续写上 10 分钟，直到完成一段短文。自由写作就像跑步，跑得太快会迅速耗尽体力，但也不宜过慢，以免丢失写作的冲动和流畅性。如果感到无话可写，就写下“不知道”或重复最后写的内容，直到有新想法涌现。

（3）在自由写作中，关键是不要回头审视已写的内容，要不断向前写。这对很多人来说可能很难，因为学校教育往往强调从一开始就要注意写作的整洁和得体。因此，不必担心语法、标点、说服力等问题，让话语自由流出，不要停笔，不要做任何修改。

（4）不要考虑读者是谁，只管写下你的真实想法。

（5）可以制定提纲，只要这不会让你感到受限。

（6）随时将你对某个主题或感兴趣的事物的看法和感想记在笔记本上，不必拘泥于形式。

（7）尽量让思维聚焦于一个主题。在写作过程中，可能会出现想法的顺序变化或计划之外的新想法。这没有关系，你可以在后续整理和重组这些要点。

（8）如果你没有时间慢慢进行自由写作，或者感到迷茫，或只有一些模糊的想法，就通过自由写作来激发思维，用写作来探索你想表达的内容和观察到的现象，只要保持写作的连续性即可。

2. 自由写作的步骤

（1）第一步——探索写作的领域

或许有人会问，这些零散的片段有何价值？但当你重新阅读时，你会在这些看似不连贯的句子中察觉到某种情感，这种情感可能正是你目前最关注的，或者是深藏在你思维中的。它们可能是在日常生活中被你忽视的；或者是你注意到了，但不知道如何去述说。无论如何，这些都是你自己挖掘的、能够代表你真实感受的写作领域。找到那些最为耀眼的句子，甚至是一个关键的词语，它们将成为进入下一个写作阶段的指引。

（2）第二步——发掘写作素材

在自由写作的第二阶段，以之前发现的句子或词汇作为起点进行扩展。这个阶段在写作前已经有了一定的范围限制，在这个限定的范围内进行自由创作。虽然这种写作有一定的目标性和限制性，但仍然可以自由自在、无拘无束地书写。写完之后，仔细阅读这些文字，将它们分门别类地整理出来，提炼出文章的基本线索和结构层次。

（3）第三步——创作成文

第三步与传统的写作过程相似，不同之处在于，通过前两次自由写作，作者已经找到了自己真正感兴趣的写作主题和素材，在此基础上构建出一篇完全属于自己的完整文章。前两个阶段的自由写作实际上是将构思过程通过文字表达出来，是对构思过程的一种自由释放，在无限制的状态下展现写作主体的创造力和主动性。

（二）抓住读者

所有的写作者都需要在写作过程中时刻小心，有意识地引导读者在阅读时不脱离轨道。对此，写作者需要采用某些具体策略来抓住读者的注意力。

1. 打造一个出色的标题

一个好的标题通常是对文章精髓的浓缩，它应当具备以下几个特点：精确、明确、创新和简洁。精确意味着标题应与文章内容紧密对应；明确则要求标题的含义不过于宽泛；创新指的是标题应避免陈词滥调，具备吸引力、生动有趣，能够激发读者的兴趣；简洁则是指尽可能用最少的文字传达最具体的信息，能使用词汇或短语就尽量避免使用完整的句子。只有经过深思熟虑和精心打磨，才能找到那种能够起到点睛之笔、概括全文的完美标题。标题对与读者建立良好关系至关重要。一个优秀的标题能够帮助读者把握和集中注意力在主题上，有助于正确引导读者，同时为读者处理作者提供的信息做好准备，使他们更容易理解作者的意图。对于复杂的话题，可以添加副标题以提供更多信息。标题还应当易于识别和归类，避免使用夸张、轻率或含混不清的标题，这些可能会误导读者，甚至引起他们的不满。

2. 要有强有力的开篇

文章的开头必须引人入胜。在文章的前几段，你可能吸引读者，也可能失去他们。为了抓住读者的注意力，你需要在 90 秒内吸引他们，提供他们感兴趣的内容、需要的信息，或者对他们有益的知识。如果开头冗长且乏味，或者主题表达不明确，你很可能会失去读者。因此，开头部分至关重要，你必须精心构思和打磨。在开头时，要始终牢记“好的开头能让读者知道他们可以期待什么”。在文章的开头，你需要向读者做出承诺，唤起他们的期待，并在接下来的内容中履行你的承诺。常见的开篇方式有激发读者兴趣和提供信息。为了激发兴趣，可以使用逸事、引语、比喻或典型的开头。哪种开篇方式最佳并没有固定的答案，这取决于你的写作目的和对读者期望的理解。如果激发兴趣的开篇进入主题太晚，可能会让读者感到不耐烦，而直接提供信息的开篇虽然可能缺乏趣味性，但通常更稳妥。开篇段落的作用与标题相似，主要是吸引读者。此外，它还能预示文章内容、给出读者继续阅读的理由、确定文章的风格。

3. 多次修订

修订是写作流程中不可或缺的一环。它是一个重新认识、重新探索和重新创造的过程。通过修订，可以使文章的标题更加符合写作的目的和读者的期望，内容更加丰富，结构更具逻辑。修订阶段是对思路的梳理和文字的整理，它是在初步创作的基础上进行的深度加工。在初稿完成后，重新审视之前的思考和构思至关重要，以检验主题是否突出、立意是否清晰、逻辑是否连贯、结构是否有序、描述是否生动、比喻是否贴切、语言是否精确等。对于在修订中发现的不足，需要反复斟酌，确保能恰当地表达立意和主题；有时甚至需要彻底重写，重新构建结构和组织语言。修订文章需要投入大量的时间和精力，有时其工作量不亚于创作过程本身。当作者对比修订前后的文章时，往往能明显感受到其中的提升，因此，修订是写作过程中不可缺少的一步。

第四节 大学英语口语教学

一、英语口语教学的理论基础

（一）口语表达的心理过程

口语交流是人类的一种口头互动方式，它不仅涉及发音器官的生理活动，还涉及一系列复杂的心理活动。从信息加工理论来看，口语表达的心理过程涉及“编码”和“解码”两个阶段。在编码阶段，说话人在表达动机的推动下，使用简化的内部语言来构思说话的主要内容，然后从大脑中提取储存的词汇、句子和语调，按照语法规则进行组织，形成一种相对完整的内部语言表达，这一过程就是编码。在解码阶段，当内部语言组织好后，说话人会迅速利用发音器官——包括呼吸器官、喉部和声带、口腔和鼻腔的协同动作，将内部语言转化为有声的外部语言，以便传达给听者，这一过程就是口语表达的解码阶段。

在“编码—传码”的过程中，存在三个显著的心理特征：

首先是思维的敏捷性。口语交流通常是即时的，面对面的多人对话，这种交流方式要求说话者不能断断续续，而应连贯地、按逻辑顺序表达完整的思想或问题，以避免出现冷场。这就要求说话者迅速地组织内部语言，从大脑的词汇库中迅速检索并筛选出准确、生动、形象的词汇，按照现代汉语的语法规则构建完整的句子（编码），并通过发音器官的配合，清晰、流畅并充满感情地表达出来（传码）。这种在瞬间不断循环的选词、造句、表达的过程，体现了口语表达“编码—传码”的敏捷性。

其次是思维的选择加工性。口语表达旨在传递特定的思想内容，无论是叙述事件、介绍物品还是论证观点，都需借助词汇、句式、语气等元素。这要求大脑从存储中选择恰当的词汇、句式和语气，并将这些元素按照一定规范编辑成具有意义的句子，以便传递信息。

最后是思维的零散性和疏漏性。在即兴的口头交流中，即使说话者的思维非常敏捷，有时思考和表达（编码）的速度也可能不一致。这种速度上的差异导致说话者可能会插入一些如“啊、嗯、这个、那个”等非必要的语言成分，或者重复、补充之前的内容，从而导致表达结巴、混乱。由于编码需要快速反应，传码时句子往往简短，缺乏修饰，出现省略或追加，使得表达不够完整和严密。

（二）影响说的因素

1. 心理状态

口语表达是一种复杂的心理活动，为了确保这一过程顺畅且高效，说话者需要保持轻松且专注的状态。紧张、恐惧、焦虑等负面情绪可能会干扰口语产生的正常流程。

2. 文化习俗

语言作为交际的工具，其使用遵循一种社会性的约定。不同文化背景下，人们在何时、何地、向谁、以何种方式、说何种话语都有一定的规则和习惯。外语学习者需要学习和掌握这些规则，以便有效地利用语言进行交流。

3. 语言要素

语言由语音、词汇、短语、句子和篇章构成，掌握足够的语言知识是口语表达的基础。特别是要熟悉常用的习语和句型。每种语言都有大量的习语和基本句型，它们通常是具有特定意义的常用句子、短语甚至单词，学习者需要熟记这些，以便在需要时能够迅速使用，从而减轻口语产生的工作负担，提升口语的流利度。

4. 背景知识

在听力教学部分提到，学生的知识广度直接影响他们的听力理解能力，学生对熟悉的内容听起来会更加轻松。同样，背景知识也会影响学生的口语表达。为了使口语交流内容丰富，学生需要具备相关领域的知识。

语言结构知识——涵盖语音、词汇和语法，学生能够正确使用单词，按照正确的顺序排列，并发出准确的发音。

功能知识——涉及信息的传递和互动，学生需要知道何时需要清楚表达信息，何时不需要精确理解全部信息。

社会文化规则与规范——包括话语的转换、说话的速度、停顿的长度、参与者的角色等，学生需要了解如何在交谈中考虑谈话者之间的关系、具体环境、谈话主题和目的。

（三）会话结构

对话是说话者和听者在同一时间内为了特定交际目标而进行的言语活动，是日常言语交际中最普遍的一种形式。所谓对话结构，简而言之，是指一个对话由开始阶段、进行阶段和结束阶段三个部分构成的整体框架。口语表达能力主要涉及参与对话的能力，因此，对话结构分析对口语教学具有显著的指导作用。对话应该有一个总体的框架，不同目的和不同环境下的对话会展现出不同的模式。通常认为，对话的总结构包括开始、中间和结束三个部分。

对话的特征在于说话者和听者之间的角色不断转换。日常对话的基本单位是话轮，话轮可以由一个字、词、句子或更大的语言单位组成。对话中存在一条潜在的规则，即对话参与者会自然、无意识地遵循这样的规则：每次至少有一方且不超过一方在发言。在对话中，每个人的一次发言称为一个话轮。话轮的特点包括：（1）能够预判其结束的位置；（2）能够在话轮内部明确指出结束时邀请哪个人继续发言。

二、大学英语口语教学面临的主要问题

（一）主观原因

1. 学生口语表达的自信心不足

现代课堂教学往往偏重知识输入，而忽视或不够重视知识输出。加之大学生在英语词汇量、语音语调以及语言应用能力等方面的不足，他们在口语

表达上缺乏自信，害怕无话可说或犯错而羞于启齿。中国大学生通常较为内敛和谦虚，课堂上不愿意主动发言，课外也不愿意与人交流自己的思想，更不用说是与陌生人交流。因此，大学生在开口说话上存在困难，要做到流畅准确地表达则更加困难。这种恐惧感使得他们越是不敢说，就越不会说，形成了一个恶性循环，这限制了口语教学和大学生口语能力的提升。

2. 忽视中英文化和语言思维差异

流畅的口语交流虽然是语用交流的一种表现形式，但其根本在于交流双方对不同文化和语言思维方式的相互理解和接受。文化差异导致中英两种语言在表达方式、思维方式、语言系统和语用条件等方面存在差异。因此，从跨文化交际的角度来看，学生需要重视文化差异对口语交际能力的影响。然而，大学生往往忽视这一点，导致在口语交际中照搬中文表达方式，造成思维混乱、逻辑错误、词不达意，使听者感到困惑，最终导致交流障碍。

（二）客观原因

1. 学校对口语课程的关注不足

在众多高等教育机构中，英语口语课程在课程结构、体系以及安排上并未获得应有的重视。特别是在非英语专业，大学英语基础课程主要分为精读和听说两大类。学生普遍认为精读课更为重要，因为它能够帮助他们学习和掌握知识，提高考试成绩，并且在日常阅读中应用广泛。而听说课由于班级规模、教学设施等限制，课堂上往往以学生“听”为主，留给口语表达的时间非常有限，导致英语口语能力得不到有效锻炼。此外，学生对听说课的重视程度不高，出勤率不尽如人意。

2. 教师的专业能力有限

高素质的教师团队是大学英语素质教育的基石和关键。教学方法和模式的实施都依赖于教师。首先，英语教师必须具备扎实的专业基础。教师自身的业务能力和文化素养在很大程度上决定了口语教学的效果。优秀的教师是确保口语教学质量的基础和前提，这也是对大学英语教师最基本的要求。其次，英语与中文的转换能力同样重要。为了深入理解英汉两种语言，英语教师首先需要精通这两种语言。作为高校英语教师，我们肩负着提升自身汉语素养、同时深入研究英汉两种语言的责任，以实现自身语言能力的显著提升。最后，教师必须熟练掌握英汉两种语言的特点和差异，这对提高口语教学效果至关重要。

3. 缺乏口语练习环境，受母语负面影响显著

缺乏口语练习环境是影响口语教学的另一个重要因素。学生学习英语主要依赖于课堂，而课外自学通常限于阅读、听力等，很少有机会练习口语。在日常生活中，学生接触的是汉语环境，很难有机会练习英语口语，因此很难达到理想的口语水平。母语的语言环境限制了学生英语口语能力的提升。无论是基本的语音、语调，还是遣词造句，学生都会受到母语的干扰，要克服这些影响需要付出更多努力。

三、大学英语口语教学的目标和原则

（一）大学英语口语教学的目标

英语口语是英语学习的高级阶段，它是英语能力中与时间、努力和投入成正比的关键技能，也是一项需要不断学习和实践才能掌握的技巧。随着全球经济的发展，中国与外界的交流日益增多，社会对具备优秀口语能力的专业人才的需求也随之增长。为了满足这种新需求，《大学英语课程教学要求》对学生口语表达能力提出了明确的要求：

基本要求：学生在学习过程中能够用英语进行交流，并能够就特定主题展开讨论。他们应该能够在日常对话中使用英语，并且能够在准备后针对熟悉的话题进行简短的演讲，表达清晰，语音和语调基本准确。此外，他们还应该在交流中运用基本的对话策略。

进阶要求：学生能够就一般性话题用英语进行较为流畅的对话，能够基本表达个人的意见、情感和观点，能够基本陈述事实、理由和描述事件，表达清晰，语音和语调基本正确。

高级要求：学生能够流利且准确地就一般性或专业性话题进行对话或讨论，能够用简洁的语言概括较长的、具有一定语言难度的文本或讲话，并能够在国际会议和专业交流中宣读论文并参与讨论。

（二）大学英语口语教学的原则

1. 尊重学生的主体性原则

口语课程的成功与否在很大程度上取决于教师和学生角色的准确把握。口语教学应将焦点放在学生身上，他们是教学的起点，也是教学活动中积极参与的主体。维持学生的这种积极参与是口语教学的核心。然而，从口语教学的实际情况来看，尽管许多学生对口语学习充满热情和动力，但一些学生由于对口语课程的特点理解不深，掌握不当，一旦在交际中遇到难题，未能达到预期效果，就可能感到沮丧，甚至产生畏惧感。这种情绪可能会在一定程度上削弱学生的学习动力，打击他们的积极性。因此，教师在教学过程中需要采取适当措施来激发和保持学生的学习动力。教师应当保持教学内容的新鲜感，课堂讨论的话题应吸引学生。当讨论到学生感兴趣的话题时，他们会更加主动地参与。在学生进行口语活动，特别是自由表达时，教师不应过多纠正错误，而应通过同伴纠错、全班纠正等方式来纠正明显的错误。在实际练习中，应以鼓励为主，避免使用生硬或激烈的语气，以免打击学生的积极性。

2. 听力先行、逐步提升原则

听力是口语的基础，两者在交际中互为依存。学生通过听力活动获取知识信息，接触丰富的英语词汇，从而激发表达思想的欲望。只有积累了足够的语言素材，才能进行真正意义上的口语交流，这是大量听力训练的必然结果。因此，在理解的基础上进行模仿，不仅能够加快反应速度，还能提升口语能力。按照这一原则，教师可以在让学生复述故事前，先让他们听懂情节，然后抓住大意、记住细节，通过互相提问和交流意见，最终达到用自己的语言复述故事的能力。

3. 情境驱动应用原则

语言的运用总是依赖于特定的情境和场合。因此，英语学习从一开始就应该强调情境的重要性。情境不仅帮助学生理解，也是指导他们正确使用语言的关键。通过设定情境进行口语练习，可以检验学生是否能够恰当使用所学语言，并让他们在新的情境下创造性地运用语言。情境可以多种多样，并且可以根据学生的不同阶段在同一情境下提出不同要求。只要发挥创意，情境可以非常丰富，每个情境所需完成的任务也可以各不相同。

4. 课内外结合、多样化原则

兼顾课内外是指不仅要重视课堂学习，还要关注课外活动。英语课外活动是课堂教学的延伸和补充，它让学生有机会复习、巩固和提高所学知识。教师应该为学生提供各种语言环境，创造用英语交际的条件，并指导学生在不同场合正确、恰当、流利地运用所学语言材料进行口语练习。例如，组织英语角、竞赛，或根据自由组合原则编排课外活动小组，安排小组活动等。此外，在英语课后作业中，教师可以让学生结成学习对子，培养他们说口语的兴趣，并利用一切可能的机会来巩固和提高他们的口语能力。

在实际教学中，教师应运用多样化的教学手段和方法，使口语课变得轻松愉快。根据学校的教学设备，教师可以运用多媒体等工具，让学生通过原汁原味的英语来提高口语水平。同时，根据每堂课的不同教学目标，采用不同的教学方法。在学生开口说的基础上，教师应注重培养他们说话的流利性，并在语言的规范性、语音语调的正确性上提出更高要求，并为他们创造实践的机会。

四、英语口语教学的模式

（一）一般模式

常见的教学模式通常包含四个主要环节：情境构建（学生听）→任务分配（教师说）→任务执行（学生说）→成果评估（教师说）。

在第一阶段，即情境构建环节，教师可以采用多种方式引导学生，如让学生阅读文本或观察实物和图像。听力材料的选择不拘一格，可以是教师朗读的文章或讲述的故事，也可以是录音资料。无论学生是通过何种方式听力，也不论他们听到了什么内容，目标都是为他们即将执行的任务营造情境和提供背景信息。

第二阶段，即任务分配环节，教师的目的在于为学生的“说”设定目标，规划方案，组织活动。虽然这个阶段的时间可能很短，但它为第三阶段的顺利进行打下了基础。

第三阶段是任务执行环节，也就是学生“说”的阶段，这是口语教学的核心。在这一环节，教师应尽量保持沉默，不干扰学生的发言，不占用他们的时间。让学生进行口语练习的关键是鼓励他们开口说话，而不是评判他们说了几句正确的英语。同时，教师需要合理安排这个阶段的活动时间，最佳时长应占整个活动时间的 80% 左右。

第四阶段是成果评估环节，教师主要检查任务的完成情况，目的是对学生的口语活动进行及时总结，指出不足之处，提出改进建议等。

（二）3P 模式

3P 教学模式是将课堂教学分为三个连续的环节：展示（Presentation）→练习（Practice）→表达（Production）。这是全球范围内应用最广的第二语言教学模式，英语教学界也不例外。

在展示环节，教师通过讲解、示范、举例和角色扮演等方式向学生介绍新的语言元素，如语法、句法、会话技巧和功能等，并确保这些新内容在有意义的环境中呈现，而不是脱离上下文孤立地展示句子或语法规则。教师在这一阶段要吸引学生的注意力，并确认他们是否理解了新的语言点。此阶段的目标是明确教学目标和内容。

在练习环节，教师应提供多种机会，让学生通过句型练习等形式来展示和练习所学内容，练习难度从简单到复杂逐步增加。教师的引导也从控制性逐渐转向半控制性，以增强学生的自主性。这种有控制的练习旨在提高学生使用语言的准确性。

在表达环节，教师给予学生机会将新学的语言知识和交际技能与已有知识结合起来，进行综合运用，以便学生能够在自己的语言能力范围内自由地进行交际。这一阶段可以增强学生的成就感，并激发他们对口语学习的兴趣。

该教学模式旨在加强语言知识技能、提升语用能力、注重语言的准确性和流利性，同时引导学生积极参与和合作探究。这三个阶段的教学流程清晰、目标明确，既注重准确性也重视流利性。在具体教学中，因其实用性、实效性和可操作性，该模式受到许多英语教师的青睐。然而，也有人对 3P 模式持批评态度，他们质疑三个阶段之间的内在逻辑性以及从准确性向流利性过渡的可靠性，认为该模式过分强调准确性，限制了学习者接触目标语言的机会，并且缺乏有意义的语言运用功能，未能实现真正的交际。

（三）任务型教学模式

任务型语言教学理念是过去 20 年交际教学思想的一种进化，它将语言应用的基本原则转化为具有实际意义的课堂教学方法。任务型教学反映了外语教学目标和功能的转变，展示了外语教学从重视教学方法向重视学习方法的转变、从以教师为中心向以学生为中心的转变，以及从关注语言本身向关注语言习得的转变。采用任务型教学是改进英语口语教学的关键策略之一，通过让学生完成特定任务来学习英语知识和提高技能，这可以有效地激发学生的自主学习意识，提高他们的学习动力和效率。

在大学英语口语任务教学中，影响教师教学效果的关键因素之一是任务活动的设计。因此，在设计任务时，必须考虑教学内容的特点，明确教学目标，并运用多样化的教学手段来提高学生的学习兴趣。通常，任务的执行包括以下几个步骤：

1. 任务前期阶段

例如，当教授新闻相关内容时，可以选择一篇当前热门的新闻文章作为教学材料，以此来提高学生的学习兴趣。在学习过程中，应将更多的控制权交给学生。因此，在设计任务时，首先让学生对提供的新闻材料有一个初步的认识，然后鼓励他们利用网络等资源进行自主学习，关注自己感兴趣的新闻话题。课堂上，学生之间进行交流，互相提问和解答。这样，学生可以更好地利用英语进行交流和表达。

在学生独立学习相关知识时，可以鼓励他们通过小组合作来解决问题。为了促进学生的交流和合作，任务完成过程是以小组为单位进行的，学生在小组中加强情感交流。在完成任务时，遇到具有挑战性的问题，可以采用抢答的方式学习，这种方法能够锻炼学生分析问题和解决问题的能力。

2. 基本任务

在进行英语口语训练时，可以将学生分成多个学习小组，根据学生的口语水平或专业背景进行分组，以便学生在执行任务时能够根据小组的特色来分析和制订计划。

学生在执行任务时，通常会首先查阅课本以寻找答案，而有些学生可能因为知识渊博能迅速解决问题。当学生以小组形式完成任务时，教师可以指派小组代表来解释他们的解决方案，然后将一些关键问题显示在大屏幕上，让学生注意到在口语表达中需要关注的要点。

3. 扩展任务设计

在教学过程中，根据任务的具体执行方式，可以设计出拓展性任务，主要目的是提高学生的口语表达能力。教师通过提问引导学生寻找答案，并要求学生对自己的答案进行合理的解释，这样学生的任务才算是完成。学生需要对自己的答案进行详细阐述，包括他们是如何思考问题的、给出答案的依据是什么等。通过这样的阐述过程，可以培养学生的口语表达能力。

拓展性任务也可以通过小组合作的方式来完成。在合作过程中，小组成员首先提出自己的答案，然后通过投票选择认为正确的答案，并对自己选择的答案给出合理的解释。

4. 任务后期阶段

在这个阶段，根据学生对知识的掌握情况，教师对教学进行查漏补缺，对所教授的知识内容进行总结。总结过程应引导学生积极参与，可以结合教学要求给学生设定相应的任务，组织学生以小组合作的方式完成。

在做任务的过程中，让学生能够根据自己的想法表达观点，并与同学讨论相关知识。这样既能锻炼他们的口语能力，也能加强小组成员之间的情感交流。

5. 实践部分的讨论

任务教学模式的应用需要为学生创设任务情境，学生在任务情境中通过小组合作的形式学习相应的知识。通过完成任务，学生不仅能学习到相关知识，还能加强小组之间的交往互动。在做任务的过程中，教师要注意控制学生的学习时间，给学生足够的时间来分析任务、了解任务。

另外，在设计任务时，教师要注意教材内容与现实生活之间的差距。任务设计要充分考虑学生在完成任务时可能出现的各种情况，尽可能让学生主动地参与到学习过程中，开口运用所学知识与人沟通交流，从而提升他们的口语表达能力。

6. 完成任务后的评价

对学生任务完成情况的评价应从公平、公正的角度出发，以促进学生学习的积极性为目的。评价应结合学生在完成任务过程中所表现出的学习态度、与人合作沟通的能力等方面，从多角度做出全面、科学的评价。

（四）Let’s 教学模式

“Let’s”教学是英语口语教学中的一个典型模式，它包括引导（Leading）、探索（Exploring）、吹嘘（Trumpeting）和分享（Sharing）四个环节。探索如何在这些环节中唤起学生的兴趣，充分激发他们的学习动力，以及如何有效地进行英语口语训练，是值得我们深入研究和讨论的问题。科学研究显示，当一个人从事他感兴趣的工作时，他能发挥出超过 80% 的潜能，而如果他做的是他不感兴趣的工作，则只能发挥出 20% 的能力。这突显了兴趣在学习过程中的重要性。兴趣可以分为直接兴趣和间接兴趣。直接兴趣是自发产生的，虽然容易带来满足感，但往往难以持久，不利于培养意志力和获得系统知识。然而，它情感性强，吸引力大，短期内效果显著。间接兴趣则是因需求而产生的，它持久性强，可以通过意志力维持较长时间，有助于培养学生面对困难的斗争精神和获取系统知识，但相对吸引力较弱，容易导致疲劳。这两种兴趣可以相互转化。当一个人意识到他现在或将来需要某种知识或技能时，他的兴趣就会转移到那上面，这是间接兴趣的体现；随着学习的深入，对知识的理解加深，技能日益熟练，兴趣就会从原来的需求转变为对知识或技能本身的兴趣，这时就转化为了直接兴趣。从宏观的质变角度看，这种转化需要较长时间的培养和积累；而从微观的量变角度看，这种转化实际上一直在发生。因此，在英语口语的“Let’s”教学四个环节，我们应该不断地交替使用直接和间接兴趣，运用各种教学方法和手段，不断诱发、激发、激活和延伸学生的学习兴趣，让他们始终在充满趣味的环境中学习，从而优化课堂教学，有效提升教学质量。

1.leading——诱发兴趣

leading 环节是导入新课的关键部分，其核心在于激发学生的学习兴趣，营造积极的课堂氛围，为整节课奠定基调。教师应结合学生的实际生活或学习背景，设计具有主题性的情境，以此激发学生的好奇心和学习的动力。在这一阶段，教师向学生提供与话题相关的环境和思维方向，并将新知识与学生的已有知识体系联系起来，唤起学生表达的强烈愿望，使他们充满兴趣和期待地开始新课的学习。良好的开端是成功的一半。心理学研究显示，在一堂课的开始阶段，学生的思维不受先前知识的干扰，留下的印象最为深刻，因此教师应利用这一规律精心设计新课的导入。导入是一门讲究的艺术，优秀的教师会反复斟酌，设计出能够激发学生探索新知识欲望的导入环节。一个成功的导入往往能够取得开门红的效果。在引导环节中，教师通常会采用直观法、悬念法、简介法、审题法、联系法等方法来导入新课。

（1）简介法

简介法是通过介绍课文的作者、背景或主要内容来导入新课，以此激发学生对口语阅读材料的兴趣。由于时间和空间，尤其是地域的差异，学生可能在阅读上遇到障碍。通过简介作者和背景，可以帮助学生解决一些阅读理解上的难题，从而激发他们的阅读和口语练习兴趣。例如，在《新编大学英语（第二版）》第一册 Unit 5 “Do Animals Have a Culture?”的课前，可以通过网络、报刊等资源对动物是否拥有文化的内容进行报道，如介绍山雀如何打开瓶盖喝牛奶、猴子喜欢泡温泉等，以此引发学生的学习兴趣。如果要求学生在课外查阅资料，并让他们在课堂上自己介绍作者、背景或课文主要内容，将达到一举两得的教学效果。

（2）悬念法

悬念法是通过巧妙设置问题，引发学生的好奇心和求知欲，将学生的注意力引导到特定问题上的导入方式。悬念是一种兴奋剂，教师根据教材内容巧妙设置悬念，可以唤起学生强烈的解疑欲望，从而激发学习兴趣和积极思考。例如，在讲授第一册 Unit 6 “The World of Mystery” 时，教师可以这样引导：提到百慕大，很多人都知道，那么百慕大是因为什么而出名的呢？是因为它美丽的海岛风光，还是因为它恐怖和神秘呢？通过这种方式引发对百慕大的兴趣，教师再设置悬念，学生就会投入到对百慕大神秘失踪案的思考中，这个思考的结果正是课文要重点学习的内容。

（3）引用法

引用法是通过引用已学过的诗文、名言警句或与所讲课文有关的精彩句段来导入新课，以此激发阅读兴趣。例如，在讲授第二册 Unit 5 “Dreams” 时，可以引用美国著名作家兰斯顿·休斯的诗歌 *Dreams* 来导入，通过朗诵和教师讲解启发，学生会被诗的意境所感染，激起情感波澜，从而激发学习兴趣。又如，在 “More Than Words” 一课中，可以联系与身体相关的成语：Better the head of an ass than the tail of a horse（宁为鸡头，不为凤尾）。这样不仅激发了学习兴趣，还为口语和写作积累了语言素材。

2.exploring——激发兴趣

探索环节是教师创设情境，与学生共同探讨和发现新知识的阶段。利用文本材料，如听力部分和对话部分，将两个主要教学内容融合在一起，通过一条主线将它们串联起来，这条主线可以是一个话题、一个场景，也可以是一个人物、一个地点。在这一步骤中，关键在于设计多样化的活动，以激发学生的兴趣，并促使他们积极参与。例如，学生可以两两配对或自由组成小组，教师设计一系列小任务，形成任务链，让学生逐一完成。这种形式确保了每个学生都有机会练习口语，并在与同伴的互动中促进认知发展，同时鼓励学生进行合作学习，培养团队精神。这一环节是建立在直接兴趣基础上的过渡环节，它更多地依赖于间接兴趣，这种兴趣理性且持久，但相对吸引力较弱，容易导致疲劳。因此，教师在设计活动时，应遵循四个原则：与学生实际联系的原则、与学生生活实际结合的原则、促进学生实践交际的原则，以及运用间接兴趣激发学生探究新知识的原则。在这一环节中，通常采用情境法、问题法、故事法、讨论法、归纳法等方法来激发学生的学习兴趣。

（1）情境法

情境法是指通过构建情境、营造氛围，让学生仿佛置身其中，通过直观感受，迅速将学生引入充满情感色彩的文章中，以此点燃学生的阅读和口语学习热情。情境法强调挖掘学生的情感，通过具有强烈感染力的情境，使学生能够投入情感、产生共鸣、得到陶冶。情境教学可以通过绘画、音乐、视频、模型等多种手段来创设情境。例如，在教授第一册 Unit 5 “Animal World” 时，可以使用动画片《狮子王》的片段来构建情境：

Mufasa：Simba, everything you see exists together in a delicate balance. As king, you need to understand that balance and respect all the creatures, from the crawling ant to the leaping antelope.

Simba：But dad, don't we eat the antelope?

Mufasa：Yes, Simba. But let me explain. When we die, our bodies become the grass, and the antelopes eat the grass, and so we are all connected in a great circle of life.

播放影片后提问：What can we learn from Mufasa’s statement about the “delicate balance”？这样就能引发学生对生态平衡问题的思考。通过紧密结合课文内容，引入英文电影片段来创设情境，让学生仿佛身临其境，通过直观感受，不仅能增强氛围、练习听力，还能激发学生思考和回答问题的兴趣，为口语表达打下良好基础。

（2）游戏法

游戏法是依据学生的心理和生理特点，以及课文内容，运用游戏活动来唤起学生的学习兴趣，使他们在轻松愉快的氛围中练习口语。例如，在讲解第一册 Unit 9 “Holidays and Special Days”之前，针对单元主题：中国和西方英语国家的节日，指导学生分别查找和收集中国传统节日与西方英语国家节日的资料。课堂上，让学生自行组织活动，通过中外节日知识竞赛、歌唱、朗诵、表演、课件展示等游戏活动或表演节目，有效地激发学生的口语表达兴趣。游戏和表演都是根据要求和角色精心设计的，确保所有学生都能直接参与其中，有趣且生动地进行理解和表达，从而达到事半功倍的教学效果。

（3）直观法

直观法是通过使用挂图、实物、演示、影视等工具，来激发学生的阅读和口语学习兴趣。对于学生未曾见过或不熟悉的事物，让学生直接感知，以吸引他们的注意力，进而激发学习兴趣。例如，利用地图进行情景对话：展示一幅福建省的地图，告诉学生每个城市都有许多名胜古迹。给学生一些时间制订旅行计划。任务要求包括：①从扫描开始；②选择你想去的地方，并规划旅行路线；③计划包括交通方式和准备事项。通过这样的直观演示，并配合语言描述，学生可以迅速进入浓厚的学习氛围中，从而兴致勃勃地学习。

3.Trumpeting——聚焦难点

该环节是指抓住本节课的重难点内容，把输入的有效信息进行个性化处理、加工。

4.Sharing——交流发现

根据课程标准，英语教学应为学生提供全面发展和终身学习的基础，教师应创造条件，让学生有自主学习和交流的机会，鼓励他们通过体验、实践、讨论、合作和探究等途径，提升综合语言能力，并自主解决感兴趣的问题。

在英语口语的“Let’s”教学模式中，我们摒弃了传统的以教师为中心、学生只是被动听讲的模式。取而代之的是以学生为中心，利用兴趣激发作为教学策略，在教学的四个环节中，交替运用直接兴趣和间接兴趣，不断引发、激发、激活和延伸学习兴趣，确保学生在愉悦的课堂氛围中积极参与英语口语的学习和训练。德国教育学家第斯多惠曾指出：“教学的艺术不在于传授本领，而在于激励、唤醒、鼓舞。”教师应想方设法激发学习兴趣，调动学生学习英语口语的积极性，唤起他们的热情，促使他们在实践、参与、体验、合作和交流中主动学习和练习口语，掌握正确的学习方法，实现从被动学习到主动学习的转变，有效开发学生的潜能。在动机的驱动下，学生将从原本的被动、消极态度转变为主动、积极的实践者。此外，教师应从学生的角度出发设计教学活动，确保学生在每个环节中都能保持大脑的活跃状态，他们不仅能获得语言知识，更重要的是在有趣的学习过程中培养了语言运用能力。总的来说，随着口语学习的深入和学生语言能力的提升，他们将能够更加灵活和创造性地表达自己的思想。

五、英语口语训练的策略

大学英语口语教学的核心目标是培养学生习得语言的能力，以便他们能够使用所学语言进行跨文化交流。因此，教师应规划并实施多样化的口语练习活动，以拓宽学生在英语交际中的思维。

（一）实践日常口语对话

为了熟练掌握日常口语，学生需要掌握广泛且基本的日常用语，以服务于交际目的。例如，学习如何问路和指路、发出和接受邀请、抱怨和安慰他人、表达喜好和厌恶、赞同和异议等。尽管这些问题看似简单，但中西文化及语言的差异使得许多学生不知如何应对。教师应在单元学习的基础会话部分列出学生感到困难的关键句，然后分组设计情景、组织对话，并进行反复实践，以加深学生对不当或不得体语言的印象。

1. 模仿练习

模仿对口语练习至关重要。教师可挑选地道的英语原声材料供学生模仿，通过模仿不同的语气、语调、句型来提升口语能力。利用课堂时间让学生听录音并模拟听说，鼓励学生在课后找更多英语范文进行创造性模仿，这些范文提供了标准英语学习的模板，学生可以在其基础上稍作修改，加入个人观点。

2. 复述练习

复述是口语训练中常见且简单的形式。学生可以使用不同的人称、时态、语态来复述所学内容。在讲授课文后，教师可提供关键词或以时间顺序、类别为线索的表格，或以问题形式展示文章主要内容，引导学生进行复述。这种方法不同于枯燥的背诵，而是一种积极的思维训练。学生在复述时不会感到吃力，既能掌握课文中的句型和语法，又能锻炼运用知识和语言交流的能力。

3. 讨论活动

通过多种形式的课堂或课外讨论活动，适时引发学生对各种话题的会话，既可增强学习兴趣，逐步提高语言驾驭能力，又可活跃思维，扩大知识面。

目前，我国大多数学生在口语输出时往往只能讲些零碎的短语，而无法形成有序的逻辑主体。这主要是因为缺乏联想和想象的训练，不知道如何从多角度、多层面进行分析。因此，教师在教学过程中应通过循序渐进的方式积极引导学生对每个会话题目进行横向和纵向的分析。

（二）正确对待口语训练中的错误

学生在口语训练中犯错是正常现象，教师应持宽容态度。关键在于如何处理这些错误，何时纠正，这些都需要教师把握好分寸。英语口语是一个交际过程，我们的目标是鼓励学生开口。在纠错方面，对交际造成重大影响或干扰了交际整体性的错误应予以纠正。纠正的是错误语句，而非单个词语或词组的使用不当，因为这些局部的错误随着学生语言能力的提高会逐渐消失。教师在纠正错误时还应考虑时间，不宜在学生表达个人见解时打断。如果中断学生的思路纠错，可能会破坏其思维的连续性，导致交际失败，增加学生的心理负担。教师的反馈应更多地从积极、鼓励的层面进行，以此激发学生口语学习的兴趣，从而使英语口语教学的质量得到显著提升。

第五节　大学英语翻译教学

一、翻译概述

翻译是将一种语言文字所传达的含义用另一种语言文字重新表达的过程，它涉及将不太熟悉的表达方式转换为更加熟悉的表达方式。在这个过程中，“翻”涉及对话语言的转换，“译”则涉及单向陈述语言的转换。“翻”是指在对话中，两种语言之间的即时、逐句转换，即先将从一种语言翻译成另一种语言，然后再将另一种语言翻译回原语言。这形成了一种交替进行的语言或信息转换。“译”则是指单向的陈述，其中说话者仅负责表达，而不进行提问，听者则仅负责接收信息，而不做回应，中间的双语人士则负责将说话者的语言转换成另一种语言。简而言之，翻译就是“换易言语以相互理解”。然而，如何才能用另一种语言文字准确表达出一种语言文字的含义？

“换易言语”之后是否能够实现“相解”？“相解”的程度又如何？这些问题最终都指向了翻译的标准是什么？翻译的方法又应该是怎样的？

严复作为近代中国首位系统引进西方学术的启蒙思想家，在传播西方知识的同时，提出了翻译的三大标准——信、达、雅，这对中国现代翻译的实践和理论研究都产生了深远的影响。尽管严复的观点有其历史背景，但仔细分析可以发现，“信、达、雅”并非具有高度概括力的抽象准则，也不是具体可行的指导原则。从理论角度来看，将“信、达、雅”并列作为翻译标准存在逻辑上的矛盾，因为这似乎暗示原文即便不够达意或文雅，也可以人为地使之达到这些标准，这与“信”字的本意相冲突。

《论语·雍也》中提到“质胜文则野，文胜质则史”，意味着内容过于朴实则显得粗野，而文采过于丰富则显得浮夸。孔子倡导“文质彬彬”，反对华丽的辞藻，认为“辞达而已矣”——言辞能够达意就足够了。《尔雅》的序言中解释说：“尔，近也；雅，正也。言可近而取正也。”《论语·述而》中提到“子所雅言，《诗》《书》、执礼，皆雅言也”，这里的“雅言”指的是与方言不同的“诸夏的话”——标准语，类似于现代的“普通话”。然而，严复所提出的“雅”并非指“利俗文字”——大众语言，而是指“汉以前字法句法”。为了解决“达”的矛盾，严复在“畅达”和“表达”之间进行调和，以便更好地阐述自己的观点，他通过“辞达而已”追求“信”——“为达即所以为信也”，通过“言之无文，行之不远”追求“雅”——“信达之外，求其尔雅”。可以看出，严复的逻辑是：要“信”就必须“达”，要“达”就必须“雅”，换句话说，“雅”是“达”的前提，“达”是“信”的前提，最终“为达”变成了追求“雅”的借口：“用汉以前字法句法，则为达易；用利俗文字则求达难”。

与“并世译才”的林纾相比，严复翻译的书籍数量并不多，总共只有八九种。在这八九种书籍中，只有《群学肄言》《原富》《群己权界论》和《社会通诠》四种可以说是“略近直译，少可讥议”。在此之前，严复的翻译方法是“题曰达旨，不云笔译”，即追求达意而非逐字逐句地翻译，这种方法并非正式的翻译方法。而在之后，他在翻译中采用了原文的意义，但在引喻设譬时则更多地加入了自己的理解。严复虽然提出了“信、达、雅”的标准，但他自己并未完全遵循这些标准。

严复在译介西方学术时提出了“信、达、雅”，因此这三个标准是否完备，需要结合当时的历史背景来考虑，不能简单地就事论事。严复的翻译主要面向的是士大夫阶层，为了吸引这一群体，他选择了先用“雅言”来吸引他们，通过“雅”来打破他们的保守思想，使他们更愿意接受西方的学术。正如严复在《与梁任公论所译〈原富〉书》中所说：“吾译正以待多读中国古书之人”，“若徒为近俗之辞，以便市井乡僻之学，此于文界，乃所谓凌迟，非革命也”。严复的“雅”实际上是为了通过表达形式吸引士大夫阶层，使他们认为西方的学术可以与古代中国的诸子百家相媲美，从而达到传播的目的。然而，严复作为一位维新改良主义者，他并不理解“利俗文字”是历史的必然，也不理解“利俗大众”是历史的推动者。从这个角度看，严复的“信、达、雅”在逻辑上确实存在不足。

早在光绪二十年（1894），语言学家马建忠就在其《拟设翻译书院议》中对翻译进行了深入的探讨，并提出了“善译”的标准。他认为，翻译是一项艰难的工作，需要译者对两种语言都有深入的了解和热爱，通过对字句的比较和分析，掌握彼此语言的根源和差异，理解其中的真实意义。马建忠还指出了翻译的过程，即通过反复阅读和理解原文，然后模仿原文的神情和语气，最终达到心领神会，才能写出与原文相匹配的译文。这样的翻译才能使读者获得与阅读原文相同的益处。

马建忠所提出的“善译”概念，不仅涉及译者对两种语言文字的熟练掌握，还涉及翻译过程中的深入理解和创造性表达。他认为，翻译时应该反复研读原文，理解其深层含义，并在此基础上模仿原文的风格和语气，以达到与原文相同的阅读体验。这种翻译方法将“直译”“意译”与“信、达、雅”融为一体，以实现译文与原文在内容和风格上的高度一致。

马建忠的“善译”强调的是翻译的“信”性，即从内容到风格都应当忠实于原文。与严复的“信、达、雅”相比，它具有更高的抽象性和概括力。在这种翻译理念下，译者通过对原文的深入研究和理解，以及对译文的精心构建，使得译文在语言和内容上都能够达到与原文相同的效果。因此，“直译”和“意译”都是为了实现“信”，而“信”本身则是翻译的首要目标。

在实际翻译中，如果以“善译”或其变体“等效”“神似”“化境”为标准，会发现几乎没有译文能够完全达到这些理想境界。这是因为“彻底和全部的‘化’是不可实现的理想”。因此，翻译应当遵循的基本原则如下：（1）忠实于原文的内容和意旨；（2）遵循译语的语言习惯；（3）保持与原文相符合的语体和语域。

无论将翻译视为艺术还是科学，其核心任务都是“传真”，即准确传达原文的内容和风格。译者不应充当“说谎的媒婆”，否则会导致译文失去原文的精髓。翻译就像是使用新瓶子装旧酒，尽管瓶子本身的语言文字类型改变了，但酒——内容、风格、效果的本质不能改变。

翻译应当保持“忠实”，这一点是公认的。然而，所谓的“忠实”是指对原文的内容和意旨以及风格效果的忠实，而不是对原文的语言表达形式的忠实。如果过于关注原文的语言表达形式，译文就会出现“异彩纷呈”的现象，因为“隔阂”而无法“合格”。译文的语言表达如果不能做到“贯通”，读者又如何能“融会”其中的意义呢？最终又怎么可能达到“与观原文无异”的效果呢？由于语言文字类型的不同，语言表达习惯也存在显著差异。

吴岩在《从所谓“翻译体”说起》一文中，针对汉语译者将外语译成汉语的情况，尖锐地指出了“翻译体”的问题所在：一些译者“一条腿走路”，未能辩证地对待两种语言文字，导致译文“是外国化了的中文”，未能“忠实地融会贯通地把原作翻译和表达出来”。叶圣陶在《谈谈翻译》一文中，以不通外语的“外行”身份，揭示了一个简单的事实：“别人不懂外文，所以要请教你译；如果大家懂得，就不必劳驾了。”正是这种“不通一种外国语”的“外行”视角，让叶圣陶看到了问题的实质，并提出了反对“死翻”的观点。所谓“死翻”，简而言之，就是“用中国字写的外国话”。

叶圣陶的核心思想是反对“死翻”，他认为翻译家应该是精通两种语言的人，即能够运用两种语言进行思维和表达的人。反之，只有那些能够运用两种语言进行思维和表达的人，才能被认为是精通两种语言的人，也才能成为真正的翻译家。叶圣陶的观点是，那些“死翻”的人无法成为翻译家，因为他们不精通两种语言，不能运用两种语言进行思维和表达，而只能写出“用中国字写的外国话”。

吴岩和叶圣陶虽然从不同的角度看待问题，但他们的观点却是完全一致的：翻译应当根据中国语言文字的特点，并与中国的语言习惯相符合。他们针对的是汉语译者将外语译成汉语的情况，主张译文应当符合中国语言文字的特点，与中国的语言习惯相契合。就“所译者”和“所以译者”而言，他们的主张实质上是遵循译语的语言习惯。

每种语言都有其独特的语体，而这些语体之间存在着显著的差异。尽管大多数词语在每种语言的各个语体中都可以使用，但仍有一些词语仅限于特定的语体，比如有些词语仅出现在书面语中，有些则仅用于口语。此外，交际中的身份、场合、内容和心理因素也会影响词语的选择和句子的构造。在翻译时，了解和掌握“所译者”和“所以译者”两种语言中口语与书面语、正式语体与非正式语体之间的区别至关重要，这样在遣词造句时才能既传达正确的意义，又符合适当的语境。

通常情况下，如果原文使用的是书面语体，译文就不应使用口语语体；如果原文使用的是口语语体，译文也不应使用书面语体；如果原文非常正式，译文就不能不够正式；如果原文不够正式，译文也不能过于正式。尽管一门语言中的基本语法和词汇是大多数使用者都理解并使用的，构成了语言的“共同核心部分”，但不同行业有各自的“行话”、不同专业有各自的“术语”。译文应当是一个统一的整体，既不应混合口语和书面语，也不应让“方言”和“雅言”混杂。总之，在翻译时，译者必须注意原文和译文在遣词造句上的“语域”，确保译文不仅在语义上准确，而且在语用上恰当。

二、翻译的原则和方法

（一）翻译的原则

美国语言学家和翻译理论家奈达提出，在具体的翻译实践中，应当遵循四个主要原则：

1. 上下文一致性高于词语一致性

单词的含义涉及不同的“语义域”而非单一的“语义点”。一个词往往具有多重含义，不同语言中的对应语义域很少完全相同。因此，在翻译中选用恰当的词语来传达原文的意思时，应主要考虑上下文的一致性，而不是仅仅追求词语层面的对应，即不应强求译文与原文在字面上完全对应。

2. 功能对等高于形式对应

奈达从读者的视角出发研究翻译，强调译文要能够被读者理解。评价的标准不在于译文中的词语是否能够被理解或句子是否符合语法规范，而在于整个译文能否引发读者与原文相同的反应。这种“动态对等”指的是译文读者对译文的反应应与原文读者对原文的反应大致相同。当然，这种反应不必追求完全一致，因为译语和源语的文化和历史背景之间存在较大差异。

3. 口头形式优先于书面形式

语言的书面形式和口头形式并不总是一致。有些语言在书面表达时显得优美，但在口头交流时可能不易理解。因此，译者应关注以下问题：一是避免使用含义模糊或易引起误解的翻译；二是尽量避免使用可能导致误解的发音和语序；三是避免使用粗俗的词语；四是力求译文的简洁明了，避免信息过载。

4. 读者需求优先于传统语言形式

在翻译时，应考虑主流读者的需求，使用现代大众语言，以便更好地传达信息。

（二）翻译的方法

1. 直译与意译

提及翻译技巧，人们通常会联想到直译与意译。这两种方法在翻译史上有着悠久的传统，各自在不同的时期和语境中占主导地位。对于直译与意译的定义和界限，学界一直有不同的见解。朱光潜将直译视为“逐字翻译”，而茅盾则认为直译不仅仅是“字对字”，更重要的是保持原作的精神和面貌。鲁迅主张直译，同时反对生硬的翻译。例如，“to shed crocodile tears”可以直译为“流鳄鱼眼泪”，也可以意译为“假慈悲”。

2. 归化与异化

在翻译的历史中，归化和异化的概念早已被提出，并与其他翻译方法交织在一起。归化和异化不仅仅是直译和意译的延伸，它们还涉及文化、社会等多个层面的因素。直译和意译主要关注如何在语言层面上处理形式和意义，而归化和异化则将视野扩展到文化、美学等领域。美国翻译理论家韦努蒂认为，归化是将原作者引入译入语文化，而异化则是接受原文的语言和文化差异，将读者带入外国情境。归化翻译要求译者向目的语读者靠拢，使译文地道化，而异化翻译则旨在保留原文的文化特色，为译文读者提供异国情调。例如，“to kill two birds with one stone”可以异化译为“一石二鸟”，而归化译为“一箭双雕”或“一举两得”。

3. 作者中心译法与读者中心译法

德国神学家、语文学家和哲学家施莱尔马赫指出，理解原作的语言精神和独特思维方式是一项挑战。由于语言受到原作者的教育、知识和想象力等因素的限制，译者要在翻译中充分表达原文的思想和神韵更是难上加难。译者的主要任务是缩短原文作者和译文读者之间的距离。施莱尔马赫提出，可以通过两种途径实现这一目标：一是“不打扰原作者而将读者移近作者”，即以作者为中心的译法；二是“尽量不打扰读者而将作者移近读者”，即以读者为中心的译法。以作者为中心的译法通常涉及译者弥补读者对原文认识的不足，将自己对原作者的理解传达给读者，使读者接近译者的视角。而以读者为中心的译法则是假设原作者能够用流畅的译语表达自己的思想，翻译的目的是使外国作家能够像本国作者一样写作和交流。

三、大学英语翻译教学的目标

英语翻译教学是外语教学的重要组成部分，其目标是教授学生基本的翻译理论和实用技巧，并通过持续的实践来提升他们的翻译能力。教学以翻译理论为引领，英汉语言差异分析为根基，翻译技巧为核心，通过讲解、范文分析、译文比较、练习和评讲等多种教学方法，启发学生思维，增强他们的双语转换技巧，确保他们掌握教学大纲中规定的必要翻译知识和技能。同时，

《大学英语课程教学要求》对学生的口语表达能力也提出了明确要求：

基本要求：学生应能够利用词典对熟悉题材的文章进行英汉互译，英汉翻译速度约为每小时 300 个英语单词，汉英翻译速度约为每小时 250 个汉字。译文应基本准确，没有严重的理解和语言表达错误。

较高要求：学生应能够翻译所学专业的英语文献资料，能够借助词典翻译英语国家大众性报刊上的熟悉题材文章，英汉翻译速度约为每小时 350 个英语单词，汉英翻译速度约为每小时 300 个汉字。译文应通顺且能够准确传达意思，理解和语言表达错误应较少。学生应能够运用适当的翻译技巧。

更高要求：学生应能够借助词典翻译所学专业的文献资料和英语国家报刊上具有一定难度的文章，以及翻译介绍中国国情或文化的文章。英汉翻译速度约为每小时 400 个英语单词，汉英翻译速度约为每小时 350 个汉字。译文内容应准确无误，基本没有错译、漏译现象，文字应通顺且能够准确表达意思，语言表达错误应较少。

四、大学英语翻译教学模式

翻译教学过程中，可以采用多种教学模式，包括基于语料库的教学模式、人本主义翻译教学模式、过程式翻译教学模式等。

（一）基于语料库的翻译教学模式

语料库是外语教学和研究的重要资源，它包含了在实际语言使用中真实出现过的语言材料。这些材料通常需要经过加工和分析处理，才能成为有用的资源。语料库是语料库语言学研究的基石，也是经验主义语言研究方法的关键资源，广泛应用于词典编纂、语言教学、传统语言研究及自然语言处理等领域。

语料库根据其研究目的和用途的不同，可以分为多种类型，包括异质的、同质的、系统的和专用的。此外，根据语料的语种，语料库可以分为单语的、双语的和多语的；根据采集单位，可以分为语篇的、语句的、短语的。双语和多语语料库还可以根据语料的组织形式分为平行（对齐）语料库和比较语料库，前者主要用于机器翻译、双语词典编纂等，后者则用于语言对比研究。

在翻译研究领域，语料库可以用于平行语料库和对应语料库等类型的研究。平行语料库和对应语料库主要用于翻译和语言对比研究，它们各自具有不同的特点和使用目的。平行语料库有助于研究同一内容如何用两种语言表达，但可能存在翻译腔的问题。对应语料库则通过收集不同语言母语文本，避免了翻译腔，但对翻译研究的优势不如平行语料库明显。此外，对应语料库对语言对比研究具有重要价值，尤其在开发机器翻译和机助翻译软件方面。

基于语料库的翻译研究可以分为理论性和实践性研究。在理论层面，语料库通过比较译文和对应母语中的语言特征及其出现频率，探讨翻译过程。在实践层面，语料库为译员提供了工作平台，并为开发机器翻译和机助翻译软件打下了基础。

例如，通过使用英译汉的平行语料库，研究者可以探讨英语中的时体意义如何在汉语中表达。研究表明，尽管英语和汉语都有进行体，但它们在两种语言中的用法范围并不一致。在翻译实践中，语料库可以帮助译员提高语言和文化意识，提供参考工具，对应语料库在特定专业领域的翻译中特别有用。

总之，基于语料库的翻译研究已经取得了显著成果，它使翻译研究从最初的小规模、人工的，并且局限于个别文本类型的研究，变成了大规模的、系统的、可以比较的和目标明确的研究。然而，用语料库进行翻译研究也存在局限性，因此，在注重语料库数据分析的同时，还需结合文本所处的语境等其他因素，对语料库中的用法模式进行功能比较和描述，以更好地发挥语料库在翻译研究中的优势。

（二）人本主义翻译教学模式

人本主义教学模式是建立在罗杰斯的人本主义学习理论之上，强调学习的愉悦性和人文关怀，以及教师在课堂中的辅助和支持角色。这种模式认为学习应该是一种令人身心愉悦的体验，学生应该从中获得满足感，而不是仅仅关注学习的功利结果。教师不仅仅是知识的传递者，更应该关心学生的人文需求，激发他们的学习热情，并及时关注他们在学习过程中可能出现的心理和情感变化。

在人本主义教学模式中，教师的角色从课堂的主导者转变为辅助者和支持者，不再是绝对的权威。教师应该与学生积极互动，成为教学过程中的引导者。学生成为课堂的核心，他们应该追求知识的真谛，探索信息的真实性。教学活动应当围绕学生的实际能力和兴趣进行设计，具有时代特色，旨在为学生打下坚实的语言基础，提升他们的翻译能力和综合素质。

人本主义翻译教学模式的实际应用主要表现在以下几个方面：

1. 教师的支架作用

在翻译教学中，教师的角色是构建课堂教学的框架，引导学生进行自主学习，让学生意识到自己是学习过程的主宰者，并享受学习带来的乐趣。具体实施方法如下：

首先，翻译教学内容应与时俱进，针对学生的兴趣和实际翻译能力选择合适的内容。虽然教材的选取和教学内容的选择依赖于教师的主观判断，但在人本主义教育理念的指导下，教师在收集、编写和设计翻译材料时，应充分考虑学生的意愿，选择能够激发学生认知潜力的内容。从培养学生翻译能力的角度来看，学生在工作中接触最多的是应用型翻译文本，如法律、科技、商务翻译等。目前大部分教材以文学文本为主，其他类型较少，因此教师在课堂讲解中应通过多种方式丰富教材素材，拓展学生的知识面。选择与学生需求紧密相关的文本材料，让学生感到认同和响应。教师在此过程中要发挥严格的把关作用，因为学生可能更倾向于选择娱乐性强、认知度高的材料，而这些材料往往偏向非正式文体，用词简单，结构单一，不利于达到翻译学习的目的。教师应有预见性，一切以学生翻译能力提升为根本目标。

其次，教学方法应多样化。传统的翻译教学观念是教师在课堂上纠正学生的译文错误，这本质上是语言训练。然而，翻译能力的培养不应仅限于语言层面，更重要的是要培养学生的合理翻译思维和正确的翻译模式。对实践性极强的翻译课程来说，仅依靠教师的口头指导是不够的，应利用现代化教学手段提高教学效率和质量。基于语料库的翻译研究是一个不错的选择。我国翻译理论家廖七一认为，语料库不仅拓展了翻译研究的思路，也为翻译研究提供了更加客观、科学的方法，能够有效揭示语言的结构、语法、词汇特征，分析译者的语言习惯和行业偏好，以及社会、文化和观念对翻译文本的影响。此外，翻译英语语料库能够快速、可靠地发现和分析一定历史文化中的翻译规范，分析性别差异等对翻译策略和手法的制约，同时有助于探索翻译的普遍规律。这种借助计算机的翻译研究模式打破了传统的纯粹技巧训练方式，真正提高翻译能力需要实现教学的自主性和开放性，使教学形式更加多元化，从而促进学生学习的主观能动性。

2. 教师的评价模式

在教与学的互动中，教师与学生之间应建立积极的沟通和情感交流。学生不仅仅是被动接收信息的对象，而是与教师拥有同等发言权的课堂参与者。教师的角色不应仅仅是评判对错，而应是激发积极学习态度的引导者。

首先，教师在课堂教学中应更多地给予肯定性评价。在传统的翻译教学模式中，教师的话语被视为绝对权威，提供的译文被视为最佳答案。这种模式使学生失去了自主性，完全依赖教师的讲解。但实际上，翻译没有绝对的正确答案，不同的译者会因时代变迁和个人理解而得出不同的译文。因此，翻译课堂教学应注重培养学生如何发现文本的难点、重点和解决问题的方法，从而激发学生的思维活力。教师应营造一个自由讨论的氛围，鼓励学生以小组形式表达自己的观点，并选派代表进行总结发言。在小组陈述结束后，教师应引导大家对不同解释进行总结，指出分析问题的合理思路，并最终由学生共同做出最佳选择。将学生的思维模式置于教学评价的核心，学生将通过反思对课堂所学进行自我评价，挖掘语言现象之外的深层含义，从而更好地指导翻译实践。

其次，课后练习应鼓励学生进行相互评价。翻译课程的核心是培养翻译能力，而翻译能力的提升依赖于实践。由于课堂时间有限，教师应采取多种方式增加课后练习的数量和质量，并利用多媒体手段对学生的译本进行多角度评价，将其他同学的评价作为最终成绩的重要参考。这种方式无形中使学生充当评价者，促使他们对译本和译文进行更深入的思考，提高对翻译学习的兴趣，并引导他们的学习方向。

（三）过程式翻译教学模式

在 1969 年，奈达反对了通过所谓的“中间语言”在表层结构层次上直接将源语转换为译语的单一步骤翻译模式，并基于乔姆斯基的转换生成语法提出了一个包含分析、转换和重构三个阶段的逆向转换翻译模式。在 20 世纪 70 年代末至 80 年代初，德国的功能学派从翻译的目的出发，提出了翻译作为一种跨文化交际过程的循环模式：译者从翻译目的出发，对源语情境中的语篇进行分析，确定源语语篇与翻译活动相关的因素，并根据翻译目的的需要将源语信息进行转换，然后合成为译语语篇，在译语文化语境中实现翻译目的，完成整个循环过程。贝尔将翻译过程分为分析和合成两个阶段，每个阶段都涉及语法、语义和语用三个不同的操作领域。译者在这些领域中的分析和合成原文与译文的过程，是进行语际信息传递的实质性过程。这些理论指出，无论采取何种具体操作流程，翻译都是一个主动的过程，需要译者积极参与实践。

过程式翻译教学最早出现在 20 世纪 80 年代初，最初应用于法国巴黎国立东方文化语言学院日本与朝鲜研究系的日法翻译课程，并在十多年后逐渐系统化。这种基于建构主义理论的过程翻译教学，强调学生在教师的帮助和指导下，自己探索和掌握必要的知识和技能，同时特别重视合作学习的重要性。

连淑能教授提出了“以翻译过程为导向的教学法”，即通过联系翻译结果进行指导和讲评，改变传统的注重翻译结果的讲评方式。这种教学方法可以采取以下流程：

第一，在布置翻译练习时，教师应指导学生进行充分的译前准备。教师应设定翻译的情境，这些情境包括翻译委托人对篇章的具体要求、作者的意图、翻译的目的、译文的受众或使用者、篇章的文体特点和写作背景、交稿的时间要求等。学生需要自行查找百科全书、词典或网络资源，以了解篇章中出现的生僻术语、议题、题材、主题材料等。换句话说，教师至少应设定好“谁想要发送信息、发送什么信息、发送给谁、出于什么目的、通过什么媒介、在什么时间和地点”这些基本要素。

第二，在布置翻译练习时，教师应提供必要的译前启发和引导。教师应引导学生关注翻译过程中可能遇到的问题，如翻译的原则、策略、方法、技巧、步骤（包括理解、表达、修改）等。

第三，学生可以以翻译作坊的形式共同讨论翻译任务，共同经历翻译过程。提交译文时，学生应注明在翻译过程中遇到的问题和未解决的问题。

在翻译教学中，翻译作坊可以理解为学生组成小组，针对某个翻译任务如何进行翻译进行讨论并分担工作，通过不断协商最终确定大家认可的译文。这种教学模式的特征包括：强调小组成员之间以及学生与教师之间的交流与合作完成翻译任务；通过大量实践训练，帮助学生反思翻译过程中涉及的语言和非语言的各个步骤；以培养学生分析解决问题的能力为最终目标；将学生置于教学的中心位置，教师扮演调解者、组织者、创造者、促进者、监督者、引导者、指挥者、教练等多种角色；对学生的评价更多关注于学生在翻译过程中所付出的努力。

在课堂教学中，作坊式教学可以划分为准备、执行和反思三个主要阶段。

准备阶段：教师根据学生的能力和心理特点，将学生分成4~5人的小组。根据学生的语言水平、词汇量和文化理解能力，教师选择合适的文本材料，并在课堂上分发给学生。学生阅读文本，了解文本的类型、风格、目标读者和大意，并对不熟悉的术语或难以理解的部分进行标记。小组成员分享对文本的理解，以达成共识。

执行阶段：在理解原文的基础上，小组成员利用词典、百科全书、网络等资源进行初步翻译。此时，教师充当监控者的角色，监督并组织学生的翻译活动。根据材料长度，这两个阶段的时间为20~30分钟。

反思阶段：这个阶段主要是对译文的修改和润色。小组成员大声朗读自己的译文，相互比较并讨论译文的差异和翻译过程中遇到的问题，以协商出大家都认可的译文。之后，将小组最终确定的译文交换给其他小组进行修改。原小组根据修改意见再次修改，并提交给教师最终译文。教师从各个小组中选出几篇最佳译文，公开宣读，让其他学生指出译文的优缺点，并提出改进建议。在这个阶段，教师提供适当的指导和评价，并总结翻译经验和原则，以便在及时反馈学生信息的同时，指导学生的翻译活动，使所有学生都能意识到自己和他人的问题。

第四，在评价翻译作业时，可以采取多样化的方法，包括教师评价和学生之间的互相评价。在进行教师评价时，应着重分析、启发和指导翻译的过程、步骤、方法、技巧以及学生提出的问题。可以采用交互式、互动式的提问和讨论，以尽可能地让学生参与到评价的整个过程中。教师应鼓励学生在课后相互学习，观摩对方的翻译作业。在评价翻译作业时，教师不仅要指出存在的问题和错误，还要认可优秀的翻译作品，激励学生独立思考和勇于创新。应允许学生提出不同的译文，不要求译文完全一致或与参考译文相同，并对各种译文进行综合评估。

在整个翻译过程中，学生成为积极参与者，能够分析各种因素，掌握相关依据，突出翻译的重点，并创作出优秀的译文。实践表明，过程式教学法能够使学生学会发挥主体作用，积极创作译文，为翻译能力的发展打下坚实的基础。

第六章　大学英语教学的未来发展

第一节　个性化教学

2007年7月，中国教育部发布的《大学英语课程教学要求》明确界定了大学英语的教育属性、教育目标及教学标准，强调“鉴于中国广阔的地理范围和不同地区、高校之间显著的差异，大学英语教学应遵循分类指导、因材施教的原则，以满足个性化教学的实际需求”。大学英语的个性化教学既与中国高等教育改革的动向相契合，也顺应了全球范围内终身教育、民主教育等现代教育的发展趋势。作为一种关键的教学方法，大学英语的个性化教学促进了学生独立和主动地学习英语，成为培养创新人才和提升大学教学质量的关键途径。

一、个性化英语教学概述

（一）含义

个性化教学不仅仅是一种学习方式或技巧，它还代表了一种教育理念。对教师而言，个性化教学意味着根据学生的不同特点进行有针对性的教学。教师需关注学生的个别差异，并采用多样化的教学策略和工具来迎合他们的多样化需求。教师需要深入理解影响学习的一系列因素，包括学习动机、认知风格、性格等，并充分发挥学生在学习过程中的主导作用。这样，学生就能够根据自己的特点和需求，在更大程度上自主地选择最适合自己的学习资源，并按照适合自己的方式和节奏来学习所需的内容。

当然，个性化教学并不等同于放任学生自主学习，学生的学习过程应是在教师的指导和监督下有序进行的。教师需要为学生提供适时和科学的指导。因此，个性化教学应当通过各种形式和方法，促进每个学生个性的全面和谐发展。

（二）理论基础和现实依据

1. 建构主义学习理论

建构主义是 20 世纪末逐渐受到广泛重视的学习理论，其起源可追溯至瑞士心理学家皮亚杰，他在认知发展领域具有重要影响。建构主义主张知识不是通过教师直接传授给学生的，而是在特定的社会文化背景下，学习者借助他人（包括教师和其他学习者）的帮助，利用必要的学习资源，通过意义建构的方式获得的；学习是在特定的社会文化背景下，通过人际协作活动实现的意义建构过程，因此建构主义学习理论将“情境”“协作”“会话”和“意义建构”视为学习环境中的四个关键要素。“情境”指的是学习环境中的情境必须有利于学生对所学内容的意义建构，这对教学设计提出了新的要求，即在教学设计中不仅要分析教学目标，还要考虑如何创造有利于学生意义建构的情境，并将其视为教学设计的重要内容之一。“协作”存在于学习过程的始终，对学习资料的搜集与分析、假设的提出与验证、学习成果的评价直至意义的最终建构都有重要作用。“会话”是协作过程中不可或缺的环节，学习小组成员之间必须通过会话来商讨如何完成规定的学习任务计划；此外，协作学习过程本身也是会话过程，在此过程中，每个学习者的思维成果为整个学习群体所共享，因此会话是达到意义建构的重要手段之一。“意义建构”是整个学习过程的最终目标，所要建构的意义是指事物的性质、规律以及事物之间的内在联系。在学习过程中帮助学生建构意义就是要帮助学生对当前学习内容所反映的事物的性质、规律以及该事物与其他事物之间的内在联系达到较深刻的理解。

建构主义理论鼓励学习者将个人经历与学习知识相结合，引导学习者在学习过程中发挥主观能动性。建构主义是个性化英语教学的理论基础，也是高校教师提升学生英语能力的关键方法。建构主义学习理论认为学习新知识需要在原有知识的基础上进行积累，因此在英语学习过程中需要依赖原有知识，而高校学生的英语知识水平参差不齐，学习能力和兴趣爱好也各不相同。因此，高校英语教学需要进行个性化教学，这有利于不同知识水平的学生根据自身需求和能力自主学习。由于建构主义理论在中国教学改革中发挥了重要作用，基于建构主义理论的英语个性化学习已成为当前高校英语教学改革的重点。

2. 多元智能理论

多元智能理论由美国哈佛大学教育研究院的心理学家霍华德·加德纳于 1983 年提出。加德纳通过对脑部受伤患者的观察，发现他们在学习能力上的差异，并基于此提出了该理论。传统教育体系通常只注重学生在逻辑数学和语文（主要是阅读和写作）方面的能力发展，但这并不涵盖人类智能的全部。不同个体拥有不同的智能组合，如建筑师和雕塑家在空间智能上较强、运动员和芭蕾舞演员在肢体运作智能上较强、公关在人际智能上较强、作家在内省智能上较强等。加德纳认为每个人都具备 8 种主要智能：语言智能、逻辑数学智能、空间智能、肢体运动智能、音乐智能、人际智能、内省智能和自然观察智能。

多元智能理论对传统的“一元智能”观念提出了挑战。虽然过去多元智能的发展主要在幼儿园阶段进行，但这一理论的应用不应仅限于早期教育，而是应该扩展到中学、大学甚至研究生教育和职业培训中。近年来，许多国际 MBA 课程都增加了创意思维课程，以增强学生在新时代的适应能力和创新能力的培养，这正符合加德纳多元智能理论中的一部分。

在教学实践中，多元智能理论强调应根据学生的智能优势和劣势选择最适合他们的教学方法，即考虑个体差异并因材施教。教师应关注学生的差异，并在教学中根据这些差异采用多样化的教学模式，以促进学生潜能的发掘和每个学生优势的发展。

在教育目标上，多元智能理论主张根据学生的不同情况为他们确定最合适的发展路径。简而言之，多元智能理论不是让学生争相通过同一座桥，也不是简单地为学生提供更多的桥，而是为每名学生建造一座适合他们的桥，实现“各得其所”。

多元智能理论要求教师在备课和授课时，不仅要满足教学大纲的要求，更要关注学生的发展、发掘学生的潜能，并促进学生的全面发展。教师应采用多种教学策略和手段来实现“多元智能而教”的目标，改进教学的形式和环节，努力培养学生的多种智能。在教学形式上，应重视小组合作学习和讨论，以培养人际智能。在教学环节，应重视反思环节，以培养内省智能。目标使课堂教学丰富多彩，课堂互动形式多样，学生的主体地位更加突出。

3. 大学英语教育改革的趋势

个性化教学反映了大学英语教育改革的趋势。根据教育部的《大学英语课程教学要求》，各高校应当依据自身具体情况，制订科学、系统且个性化的大学英语教学大纲，以指导本校的英语教学。在教学要求上，强调大学英语教学应实行分类指导和因材施教，以满足个性化教学的需求。在课程设置上，无论是以计算机为基础的课程还是以课堂教学为主的课程，都应充分展现个性化特点，既要关照基础薄弱的学生，也要为有良好基础的学生提供成长空间；既要确保学生打下坚实的语言基础，又要培养他们的实际应用能力；既要保证学生在整个大学期间英语水平的持续提升，又要促进学生的个性化学习，以满足他们不同专业的发展需求。

二、个性化英语教学模式的构建

实施大学英语个性化教学是一个持续的探索之旅，有效的英语教学并不只是依赖于教师个人的付出，而是需要学校、家庭和学生的共同努力，才能实现卓越的教学成效。

（一）建立个性化教学组织

为了确保大学英语个性化教学的有效进行，需要建立一个强有力的个性化教学组织来提供支持。这个组织应当承担以下职责：首先，对学生进行个性化差异的评估。个性化教学组织应采用科学合理的方法来识别学生的个性化差异，以便教师能够根据学生的特点有效地组织教学活动。其次，对学生进行合理的分组和课程安排。由于影响个性化差异的因素多种多样，每个学生的特点也各不相同，因此教学组织需要有效地对学生进行分类，并据此安排教学。最后，根据教学进展情况，适时组织校内外的专家和教师进行教学研讨，有效解决教师在教学中遇到的问题。

（二）建立校内外教师个性化教学协作团体

为了更好地推动英语个性化教学，需要在校内外建立个性化教学协作团体。这些团体应发挥英语学科教师的专业优势，为不同个性小组的学生分配教学任务，并加强与其他学科教师的合作，根据学生的需求组织授课，实现个性化教育。受校内教学理念的影响，许多英语教师在教学过程中采用的教学方法具有该校特色。为了更好地促进大学英语个性化教学，还需要建立校外的英语教学协作团体，进一步拓展个性化英语教学。

（三）个性化教学与集体教学紧密结合

个性化教学与集体教学并不是相互排斥的。在一定条件下，将个性化教学与集体教学相结合可以有效地促进英语教学。集体教学作为一种传统教学方式，具有教学时间紧凑、知识传授全面的特点，可以在短时间内完成教学任务，对学生的英语学习有一定的帮助。个性化英语教学虽然能够根据学生的不同特点组织教学，达到良好的教学效果，但需要投入大量的时间和精力。根据大学英语教学的实际情况，将个性化教学与集体教学相结合是目前较为科学的课程安排方式。

三、个性化英语教学方法

1. 语法翻译法

语法翻译法是一种传统的外语教学方法，它通过语法讲解和翻译练习来教授外语书面语。这种方法也被称为传统法或古典法，起源于15—17世纪的拉丁语教学法。其特点包括：以传统语法为基础；翻译是教学的核心手段；重视文学语言，相对忽视口语，注重读写能力；课堂教学中主要使用母语，目的语的使用较少。

2. 听说法

听说法又称口语法或句型法，是一种强调通过重复练习句型结构来培养口语和听力能力的教学法。它于20世纪40年代在美国兴起，起源于美国军队在第二次世界大战期间为士兵短期内掌握外语口语能力而采取的强化训练措施。战后，这种方法被广泛应用于学校外语教学，并在20世纪五六十年代在美国和西方国家流行。其主要特点有：强调听说能力，注重口语训练，通过重复练习来加强；以句型为中心；尽量避免使用母语和翻译，而是通过直观手段或情景、语境来直接理解和表达目的语。

3. 情景教学法

情景教学法是一种在教学过程中教师有意识地引入或创设具有情感色彩、以形象为主的生动场景，以引发学生的情感体验，帮助学生理解教材并促进心理发展的教学方法。其关键在于激发学生的情感。美国教育心理学家布鲁姆认为，成功的外语教学应在课堂上创造更多情境，让学生有机会运用所学的语言。情景教学法的基本步骤包括：提出情境，学习语言；通过书面练习巩固结构。在情景法的课堂上，英语是教学语言，教师用英语组织教学、解释语言点和布置作业。遇到难以解释的语言点时，教师可以适量使用母语，但不鼓励学生使用母语。

4. 交际教学法

起源于20世纪70年代的交际法教学是西欧地区为培养语言交际能力而发展起来的一种教学体系。它强调根据外语学习者的具体需求来设定教学目标，倡导将教学过程与交际能力的培养紧密结合，使教学过程交际化。交际教学法并不是一种单一或固定的教学模式，其核心在于“使用语言学习”和“学会使用语言”，而不是仅仅“学习语言”或“学习关于语言的知识”。教学的最终目标是让学生具备必要的交际能力。在课堂学习中，学生通常处于模拟的“交流”“交往”或“交际”场景中，通过听、说、读、写等实际行为来掌握外语知识和交际技能。交际教学法倡导以学生为中心，强调师生之间以及学生之间的互动。学生主要以交际者的角色参与学习，而教师则扮演组织者和交际者的双重角色，负责安排教学活动并时常与学生用英语进行交流。因此，交际教学法的核心在于丰富教学内容，组织多样化的课堂活动，让学生在交际中学习英语。

5. 任务型教学法

任务型教学是一种教学方法，教师通过指导语言学习者在课堂上完成特定任务来进行教学。这种教学方法在 20 世纪 80 年代开始流行，强调“在实践中学习”的理念，是交际教学法的进一步发展，并在全球语言教育领域引起了广泛关注。这种“用语言做事”的教学理念已经逐渐被引入我国的基础英语课堂教学，成为我国外语课程教学改革的一个方向。该理念认为，语言的掌握更多是通过在活动中使用语言来实现的，而不仅仅是通过训练语言技能和学习语言知识。在教学过程中，教师应设计具有针对性和可操作性的任务，围绕特定的交际和语言目标，学生通过表达、沟通、交涉、解释、询问等语言活动来完成这些任务，以此来学习和掌握语言。

任务型教学法融合了多种教学法的优点，与其他教学法并不矛盾。它是一种以学习为中心的教学法，其课堂操作以一系列教学任务为基础。在执行任务的过程中，学习者关注语言交际的意义，充分利用已掌握的目的语资源，通过交流获取所需信息，完成任务。这种学习方式沿着开放的道路达到预定的教学目标。在活动中学习知识，培养人际交往、思考、决策和应变能力，有助于学生的全面发展。在教师的指导下，每个学生都有机会独立思考和积极参与，这有助于保持学习的积极性并养成良好的学习习惯。

6. 交互式教学法

交互式教学法是 20 世纪 70 年代初兴起的一种创新教学法。它以语言功能为核心，重点培养交际能力，也称作交际法或功能—意念法。该方法强调语言教学应围绕学生展开，教师需提供真实且富有意义的语言材料，并创造一个真实自然的语言环境，让学生进行有意义的语言学习。教学过程紧扣语言功能的特定任务展开，交互式教学法汲取了其他教学流派的精华，形成了自身的特色。1982 年，美国教授帕林克萨提出了交互式教学，之后该方法得到了进一步的研究和发展。它最初是基于支架式教学理念来训练学生阅读策略的教学模式，如今也广泛应用于大学英语教学。

交互式教学法的宗旨在于培养学生的交际能力，使他们能在不同的交际场合，针对不同对象进行有效且得体的交流。该方法强调学生在课堂上应成为主角，积极参与各项活动。交互式教学注重师生之间和学习者之间的相互支持与促进，教师的角色主要是学习促进者，在英语教学中主要通过同伴工作、小组讨论、辩论等形式体现。由于交互式教学法注重语言的流畅性而非准确性，教师应鼓励学生大胆发言，通过语言交流思想，以培养他们的语言交际能力，而不应过分纠正语言错误，以免影响学生的流畅性和积极性。交互式教学法还重视对目标语言国家文化的学习，并注意介绍中西文化差异，培养跨文化交际知识，以便进行有效且恰当的书面交际，减少受本国文化影响而在交际过程中出现的理解误差或差异。

7. 合作型教学

合作学习是一种以学生间互动为核心的教学理论与策略体系。对于合作学习的定义，目前学界尚无统一看法。美国约翰·霍普金斯大学的斯莱文教授将其定义为学生在小组中参与学习活动，并根据小组整体表现获得奖励或认可的课堂教学技术。而以色列特拉维夫大学的沙伦博士则认为，合作学习是一系列旨在组织和促进课堂教学的方法的总称，其中学生间的合作是所有这些方法的核心特征。在课堂上，同伴间的合作通常通过小组活动来实现，这些小组通常由 3~5 人组成，充当社会组织单位，让学生通过相互间的互动和交流来展开学习，同时也鼓励个人研究。我国合作学习研究学者王坦认为，合作学习旨在推动学生在异质小组中相互帮助、合作，共同实现学习目标，并以小组的整体成绩作为奖励的依据。

虽然国内外学者对合作学习的定义各有表述，但他们揭示的共性对于我们理解合作学习的本质和活动方向至关重要。合作学习各种定义的共同点在于，它以学生间的互动合作为教学活动的核心，以学习小组为基本组织形式，通过系统利用教学动态因素之间的互动来促进学习，并以团体成绩作为评价标准，共同实现教学目标。具体来说，教师在实施合作学习时需要注意以下几个操作环节：

（1）合理配置小组

合理配置小组是合作学习的关键起始点。教师应有效地发挥其指导作用，推动小组成员之间的相互协助、支持和激励。

（2）灵活设计课堂活动

在规划教学活动时，教师应确保每位成员认识到自己的行为会影响其他成员，从而促进他们以合作的方式完成任务。合作教学的主要活动形式包括角色扮演、主题讨论、团队竞赛、拼图游戏等。拼图游戏尤其适用于课文学习，教师可以将课文内容分割成多个部分，每个小组负责一部分的学习和讨论，之后各小组依次分享学习成果，以此激发小组成员的学习热情和兴趣。

（3）科学评估

为了确保合作学习模式的有效运行并达到预期目标，对小组合作学习成果进行科学评估是必不可少的。由于学生是以小组形式合作完成任务，每个学生不仅要掌握教授的知识，还要负责帮助其他同学学习。在活动过程中，小组成员之间有明确的分工、交流和合作，每个人的贡献都对小组的最终成果产生影响。通过合作学习，学生能够实现学会求知、学会做事、学会合作和学会做人的目标。

8. 自主学习型教学法

自主学习起源于 20 世纪 60 年代末至 70 年代初的欧洲成人教育改革。人本主义和建构主义的兴起与发展也极大地推动了自主学习的出现。自主学习以其个性化教育的特点受到了国际教育界的瞩目。西方教育者提倡将培养学习者的学习责任感视为教育的根本目标。不久，语言教育专家也开始了对自主学习的研究。外语教学领域对自主学习的探讨始于 70 年代中期，并在此后不断深入发展。20 世纪 90 年代起，国际上对自主学习的研究更为广泛和深入，特别是在自主学习的本质和机制等基本问题上取得了显著进展。总体来看，80 年代的研究主要集中在自主学习的定义和培养学习者独立能力及自主学习能力的实践方面。90 年代起，西方学者除了继续研究自主学习的理论基础、实施策略和实际效果外，还开始从政治、文化和心理等多个层面探讨促进语言学习的问题，并再次强调社会化和合作学习方式对促进学习者自主的重要性。自主学习研究的领域广泛，包括自主学习的定义与内涵、层次与原则、文化适宜性、自主学习中心的建立、培养策略、途径和模式等。

在实际应用中，自主学习教学模式已经在国外的各级学校中得到广泛应用，尤其是在成人教育、远程教育和计算机辅助教学领域。世界上许多院校都建立了专门的自主学习中心，为不同外语水平的学生提供固定的语言学习场所。我国教育部在《大学英语课程教学要求》中明确指出，自主学习能力是大学英语教学目标之一，教学模式改革成功的重要标志是学生个性化学习方法的形成和学生自主学习能力的发展。针对现代大学生的实际情况，我国许多高校采用了大学英语“自学＋辅导”与课堂教学相结合的模式，以实现课后自主学习、合作学习与课堂教学的优势互补。

在大学英语教学过程中，我们应改变学生普遍习惯的单独学习方式，鼓励他们与他人合作，更多地采用交际法和任务型教学法，真正实现以学生为中心的课堂。在完成任务和评估的过程中，教师应同时重视语言知识和语言运用，根据学生的不同专业设置不同的任务目标和专项练习，充分激发学生的兴趣和积极性，让他们在主动建构的过程中形成语言习惯，提高语言能力。随着信息时代的到来，教育方式必须从传统的应试教育转向素质教育，学习方式从接受性学习变为主动性学习，这是培养创新人才的必然趋势。

第二节　ESP 教学

随着我国经济的增长和全球化的步伐加快，英语已经变成国际交流的关键工具。在国际交往迅速扩展与外语应用能力不足的矛盾日益显著的形势下，专业用途英语（ESP）随之产生，并受到了众多高等学府的关注。

一、ESP 概述

ESP 代表 English for Specific Purposes，通常称为“专门用途英语”或“特殊用途英语”，涵盖了旅游英语、商务英语、财经英语、医学英语、工程英语等领域。第二次世界大战后，随着全球经济的迅猛增长和科技的飞速发展，国际贸易、金融保险、邮电通信、国际旅游、科技交流等全球范围内的交流活动变得异常频繁。这种国际大交流需要一种能够承担此重任的交流工具，而英语因多种原因成为国际交往中的主要通用语言。随着经济和科学文化的进步，英语作为国际语言的地位日益增强，全球范围内掀起了学习英语的热潮。为了满足不同人群学习英语的需求，ESP 应运而生并迅速发展。

ESP 的概念最早由英国语言学家韩礼德在 1964 年与 Mcintosh 合著的 *The Linguistic Sciences and Language Teaching* 一书中提出，指的是为特定职业或学科人士准备的英语，如公务员、警察、法律官员、药剂师和护士、农业专家、工程师和装配工等。也就是说，ESP 是与特定学科或职业相关的英语，或是根据特定的培养目标或特殊需求而开设的英语课程。

到了 20 世纪 80 年代，越来越多的研究者开始关注 ESP，大量论文和专著随之涌现。经过长期的实践研究，1988 年，Strevem 提出了 ESP 教学的四个特征：（1）课程设置必须满足学习者的特定需求；（2）课程内容与特定学科、职业及活动相关；（3）教学重点应放在语法、词汇、篇章结构与特定活动相适应的语言应用上；（4）与普通英语 EGP（English for General Purposes）形成对比。

ESP 进入我国大学英语教学的时间并不长。刘润清教授在 1996 年指出："未来英语学习的一个重大变化可能不再只是单纯学习英语，而是与其他学科结合起来。今后的英语教学将越来越多地与某一方面的专业知识相结合，或者说与另一个学科的知识相结合。"蔡基刚教授在《ESP 与我国大学英语教学发展方向》一文中提到："随着我国国际交往的日益扩大，经济全球化、科技一体化、文化多元化时代的到来，以及我国大学新生英语整体水平的提高，专门用途英语教学将是我国大学英语教学的发展方向。"

二、我国 ESP 研究与教学现状

相较于国外，我国的 ESP 教学研究晚了大约 20 年才开始。直至 20 世纪 90 年代，我国关于 ESP 理论和教学的研究才开始逐渐增多，但这些研究大多集中在介绍国外 ESP 的起源、概念、分类和理论，很少有涉及 ESP 存在的不足和教学实践中的挑战。

进入 21 世纪，随着我国加入世界贸易组织和经济全球化的进一步深化，社会对既掌握专业知识又具备较高英语能力的复合型人才的需求急剧增加。

在市场经济的新形势下，如何及时转变教学观念，有效开展专门用途英语教学的研究文章数量也随之增多。

然而，我国高校的 ESP 教学无论是在实践还是理论层面都还未达到成熟阶段，主要表现在三个方面：首先，ESP 在高校英语教育中的定位问题尚未得到明确解决；其次，对 ESP 的性质和教学原则的理解存在差异；最后，对 ESP 教学方法的研究还不够深入。许多 ESP 的实证研究不断指出，目前国内高校的 ESP 教学现状并不尽如人意，甚至有些令人担忧，存在不同程度的问题。

在国内众多高校中，基础英语教学被过分强调，而 ESP 课程却未能得到系统性的设置，或者 ESP 课程的安排缺乏严格的规划。部分高校甚至对 ESP 课程的教学持可有可无的态度，导致在课程安排、教师分配、学分认定、考试成绩等方面对 ESP 的重视程度不够。这些高校过于关注基础英语教学和四、六级考试，甚至将四、六级证书与学生的毕业证书直接联系起来，给学生带来了巨大的精神压力和心理负担。结果是，那些通过了四、六级考试的学生在完成基础阶段学习后，往往放松甚至放弃了英语学习；而未能通过四、六级考试的学生，要么完全放弃英语学习，要么专注于四、六级考试的备考。这两种情况都导致了一个共同的结果，即学生与 ESP 的学习路径越来越远。如果高校英语教学不重视 ESP，那么学生在毕业后将难以适应那些需要专门用途英语的工作岗位，并可能无法胜任相关工作。

（一）ESP 课程设置不尽合理

根据 1999 年发布的《大学英语教学大纲（修订本）》，ESP 课程被指定为必修课，应在第 5~7 学期进行，至少 100 课时，并在第 8 学期继续安排专业英语文献阅读、翻译和英文摘要写作等课程，以确保大学英语学习四年不断线。然而，许多高校并未严格遵守这一规定，或者在实施过程中出现了偏差。有些大学将 ESP 课程安排在大三或大四，导致第 5 学期的英语学习出现中断。即便课程得以开设，每周仅有 2 课时，且往往仅持续一个学期，这与大纲要求的 100 课时相去甚远，师生在课下的投入也相对较少。

（二）ESP 教学模式滞后

目前，我国高校开设的ESP课程，如商务英语、国际营销英语、科技英语、计算机英语和法律英语等，大多仍采用传统的“语法—翻译”教学法，以教师为主导，侧重于讲解课文内容，分析语法现象，比较词汇用法，并逐句翻译成中文。多年来，英语教学一直保持教师讲解、学生听讲的模式，现代教育技术的应用不够广泛。即使使用多媒体教学，也仅限于将黑板内容搬到屏幕上。这种教学模式不利于培养学生英语的综合实际应用能力。

（三）ESP 教材使用混乱

教材是教学的重要工具，也是教学大纲和教学内容的具体体现，直接影响教学效果。我国 ESP 教学至今缺乏统一的规划教材。各大高校在教材选择上各自为政，有的引进原版教材，有的自编或联合编写教材。据统计，使用原版英语教材的高校占 29.6%，采用出版社发行教材的占 40.3%，自编教材或任课教师选编的占 30.1%。许多学生反映他们使用的教材缺乏词汇表和相应练习，且存在错误。ESP 教材的使用亟须规范。

（四）ESP 师资力量不足

ESP 教学对教师的要求极高，教师不仅需要专业知识深厚、英语水平高，还必须能够用英语表达专业知识、解析专业词汇。ESP 教师应具备多项能力，包括分析专门用途英语和情境、评估教材和相关资料、评估学生成绩、确定学习能力目标、设计和解释工作计划、规划教学和学习策略、规划个人辅导内容、编写教材、组织教学和评估教学目的。我国 ESP 教师来源主要有两类：一类是英语专业毕业并从事普通英语教学的教师，他们英语基础扎实，但缺乏足够的专业知识；另一类是专业英语水平较高的专业教师，他们英语能力有限，难以将基础英语与专业英语有效结合。因此，ESP 师资力量的建设仍需努力。

（五）ESP 教学管理混乱

目前，许多高校在 ESP 课程设置、课堂教学和组织管理方面存在较大的随意性和不确定性，尚未建立起一套科学、规范的 ESP 课程教学质量评估体系。大部分高校缺乏系统的教学安排，有些专业开设了 ESP 课程，有些专业则取消了一段时间后又重新开设。已经开设 ESP 课程的高校大多处于自发、零散地组织专业英语教学的状态，绝大多数采取大班上课，几乎所有 ESP 课程都是由专业课教师兼任，教学效果和教学质量情况也未被纳入教师和教学管理部门的工作评估之中。

三、大学英语教学中推行 ESP 的必要性

廖益清教授曾提出，ESP 教学作为语言教学的一种形式，其核心目标在于通过分析语篇的目的，帮助学习者掌握 ESP 的语言特点和语用功能，以实现教学目的。在大学英语教学中逐步、有序地推广 ESP 具有重要的现实意义。传统的大学英语教学注重的是英语的普遍性，而 ESP 则强调英语的特殊性，即如何在特定情境下使用地道的英语进行表达。积极推广 ESP 并不意味着否定 EGP 的作用。ESP 的实施有一个前提，即学生的英语基础普遍较好。在打下坚实基础之后，即学生已经掌握了语言的普遍性，再采用 ESP 方法，使他们能够在实际语言环境中有效地使用英语进行交际。

ESP 教学的一个显著特点是建立在分析学习者需求的基础上。在未来的工作和生活中，学生需要能够阅读专业文献，用英语撰写摘要，以及在特定场合中用英语进行交流。大多数学生的需求非常明确，这也是 ESP 产生的原因。学生的需求是教师需要考虑和分析的，以便在未来的教学中进行改进。大多数学生大学毕业后将从事某种职业，因此他们的需求是最直接和最实际的。

不仅学生对当前的英语教学状况感到不满，用人单位也对学生的英语实践能力持怀疑态度。学生在大学学习了两年英语，但毕业后在实际运用语言的能力方面普遍较弱，能够流利交流、在翻译和写作方面达到标准的学生只是少数。大学生通常只在大学前两年有英语课，而且大多数学生的学习自觉性不强，甚至有些学生通过英语四、六级考试后便认为无须继续学习英语。大学后两年能够坚持自学英语的学生寥寥无几。英语教学现状与学生的实际需求不符，用人单位对大学毕业生的英语实践能力不满，这些因素使得推广

ESP 教学变得尤为重要。

四、ESP 教学的应对策略

ESP 课程的设置对学生大学后的职业发展以及英语教师的专业成长都极为关键。对学生来说，他们对传统的 EGP 教学往往感到缺乏动力甚至厌烦，而 ESP 教学则是改变这一现状的有效途径。英国语言学家威尔金斯指出，通过 ESP 培养的学生在未来的专业领域中能够比那些只接受通用英语教育的学生更精准、更有效地进行交际，这对他们的就业大有裨益。另外，ESP 对专业英语教师的重要性也不容忽视。在 ESP 教学日益成为高校英语教学主流的今天，大学英语教师的发展目标不应仅仅是外语授课者，还应该成为某个专业领域的“准从业者”。

（一）对教师的要求

ESP 教学对教师提出了更高的要求。首先，教师需要全面、清晰地理解专门用途英语的教学目标，在教学过程中明确要教授学生什么，并能根据学生的反馈和意见不断改进教学。也就是说，教师应该是课程的设计者，与学生建立合作关系。在课堂上，师生之间应该有良好的互动和配合。此外，教师还应该是研究者，对 ESP 教材和学生状况、学生的接受能力进行深入研究，并找到解决问题的方法。ESP 教师还承担着测试与评估的角色，他们需要思考如何准确测试和评估学生的能力和水平，并根据实际情况进行调整。教授 ESP 的教师通常是英语专业毕业生，英语基础扎实，但可能缺乏相关专业知识。因此，教师需要在课外充电，将专业知识和英语相结合，才能在课堂上有效地教授学生。这也是所有教授 ESP 的教师面临的挑战。

在师资培训方面，可以采取以下三种方法：

（1）送出去：高校可以根据自身情况，分批选派年轻、英语基础好、有一定专业知识的教师到国内外的 ESP 教学师资培训基地进修学习。

（2）请进来：定期邀请国内外 ESP 专家学者来学校进行专题讲座。

（3）相互交流：参加校际间的 ESP 公开课、交流会等活动，为教师提供学习锻炼、拓宽视野的机会，并通过经验丰富教师的指导和帮助，促进年轻 ESP 教师的成长。

（二）对教材的要求

ESP 教材的编写应基于需求和评估，具有实用性和适度的难易程度，以适应大多数学生的需求。ESP 教材的一个显著特点是真实性，内容应基于真实语境，与学生的专业紧密相关，如专业词汇、固定用法、习惯表达等。首先，教材的针对性要强，以便学生将来在就业时能够学以致用。其次，教材应强调能力训练，将学习与实践相结合。在课堂上，实践语言训练应占较大比重，如课堂讨论、设定语言情境进行对话练习等。

（三）建立 ESP 网上资源库

随着计算机技术的发展，特别是多媒体技术和网络信息技术的飞速发展，教学理念发生了根本性的变化。建议由国家高等教育主管部门牵头，建立一个专门的 ESP 网络资源平台，汇集全国高校的各种 ESP 资源，供 ESP 教师相互交流学习，实现资料共享。这将大大节约各高校在 ESP 教学研究方面的人力、物力和财力投入，迅速缩小各高校间的 ESP 教学差距，并显著提升国内 ESP 教学的整体水平。

第三节　互联网教学

在“互联网 +”的新时代，我们国家的高等教育机构正致力于将信息技术和互联网平台与传统英语教学深度融合，以提升教育资源配置的效率。这种整合旨在为英语教育注入新的动力，同时应对伴随而来的各种挑战。此举不仅推动了教育领域基于信息技术的革命，还促使大学英语的教学内容和方法不断创新。

国内的众多大学在英语教学上已经增加了资金和资源的投入，尤其是在多媒体语言实验室的建设上取得了突破性的成果。这些高校正努力利用网络资源，打造一个开放、互动、个性化的大学英语在线教学平台。通过将传统的课堂教学与现代网络技术相结合，并科学地利用两者之间的协同效应，教育机构能够有效地满足当前大学英语课程改革的需求。

一、构建网络环境下的大学英语教学模式的意义

在传统的教学方式中，由于缺乏生动的实际情境，教学过程往往显得不够直观，这不利于唤起学生的好奇心和探索欲，也是造成学生只会“哑巴”英语的原因之一。然而，通过在网络环境下开展语言学习活动，可以创造出逼真的互动情境，这种情境能够多角度、多层面地触动学生的感官，使他们能够接触到生动、具体、形象的语言场景，并在特定的氛围中受到影响。这样的学习方式有助于提升学生对语言的感知力，激发他们的思维活力，并增强他们在语言使用上的创造性。此外，它还有助于提升学生的模仿和创新能力，为全面提升他们的听、说、读、写四项基本技能奠定坚实的基础。因此，大学英语的网络教学显示出其明显的优势。

根据我国教育部 2007 年 7 月发布的《大学英语课程教学要求》，高等院校应当充分利用现代信息技术，推行基于计算机和课堂的英语教学模式，以取代传统的以教师为中心的授课方式。新的教学模式应当依托现代信息技术，特别是网络技术，使得英语教学和学习能够在一定程度上超越时间和地点的限制，向更加个性化和自主学习的方向发展。新的教学模式应当融合英语教学的实用性、知识性和趣味性。

（一）英语网络教学真正激发学生的学习兴趣和主动性

实验心理学家 Treichler 的研究表明，人类接收的信息中，视觉来源占 83%，听觉占 11%，嗅觉占 3.5%，触觉占 1.5%，味觉占 1%。由此可见，视觉和听觉是人类获取信息的主要途径，合计占比达到 94%。在记忆保留方面，研究表明，仅通过听觉学习，3 小时后记忆率为 60%，3 天后降至 15%；仅通过视觉学习，3 小时后记忆率为 70%，3 天后降至 40%；而视觉和听觉同时使用，3 小时后记忆率可达 90%，3 天后仍为 75%。

英语网络教学提供了丰富的教学资源，包括文本、图片、音频、视频、电影和虚拟现实等，这些资源使得学生对课堂内容的理解和接受更加多元和全面。这种教学方式符合认知主义学习理论，即多重感官同时感知的学习效

果更佳，有助于语言教学的立体输入、强调重点，并能提供纯正的语音语调，使学生更易于接受和模仿，从而培养他们的语感和激发学习英语的兴趣。

网络教学改变了学生的学习方式和习惯，使他们从被动学习转变为主动学习。在网络学习环境中，学生可以自主控制学习过程，根据自己的实际水平和学习风格选择合适的学习内容和方式，根据计算机反馈决定学习进度，甚至主动探索，寻找所需的知识和信息。

（二）英语网络教学为互动式学习提供了便利条件

网络的互动特性为学生提供了新的交流平台，使他们不仅能接收信息，还能主动传达自己的观点，这一点在英语网络教学中表现得尤为明显。传统课堂上，学生通常只能与教师进行有限的交流，而网络教学打破了这种时空限制，允许学生之间进行广泛和多角度的互动。这种教学方式促进了教学资源的共享，进一步推动了教育机会的均等化，并提升了学生的教育水平。

以《新视野英语教程》为例，教师根据教学需求制作了图文并茂的课件，旨在传授知识的同时激发学生的兴趣。这些课件包含了语言实践环节，使学生能够跟读并练习发音。在课堂上，教师不仅仅是操作电脑，还要预见到学生可能遇到的问题，并适时提供解答。对于课文内容，教师可以利用网络技术向学生展示相关的背景信息，使得教学内容更加生动和直观，从而激发学生的讨论热情，提升他们的思维能力和阅读理解力。

（三）英语网络教学扩大英语教学范围，提高教学效果

英语网络教学进一步拓宽了英语教学的边界，教师能够通过互联网向学生更加生动和详细地展示与课文相关的背景知识，从而开阔学生的知识视野。同时，教师可以根据时机灵活运用多种教学手段，如视频、音频、图片和文字等，从不同角度呈现语言知识，使教学内容紧贴时代脉搏，保持与时代同步。

在网络教室中，教学资源的提供和学生的学习方法都是基于计算机网络的，教师会根据学生的具体情况预先设计好教学方案，再通过计算机传授给学生，学习活动完全在数字化环境中展开。基于网络技术的英语合作学习活

动或项目能够创造出真实且互动的交流环境，这不仅为教师的个性化辅导提供了更多可能性，也为学生创造了一个无压力的学习氛围。在没有教师在场的情况下，学生不必担心因回答问题不当而受到嘲笑，这样他们的情感焦虑得以缓解，学习效率也因此得到提升。因此，在网络技术的支持下，学生在语音习得的感知、想象、理解和应用等各个环节，都能够享受到更加自主的学习体验。

二、网络教学模式的理论基础

（一）语言监控理论

随着网络技术和资源在英语学习中的应用日益普及，研究者们开始从多个角度探讨网络技术对外语学习辅助作用的理论基础。美国语言教育家克拉申的第二语言习得理论中的语言监控理论，成为研究网络技术辅助外语学习的重要理论依据之一。

语言监控理论指出，在第二语言习得过程中，习得比学习更为关键。克拉申提出，第二语言习得可以通过两种途径实现：一是学习者有意识地关注目的语的形式特征，即“有意识地学习”；二是学习者通过潜意识过程，在实际交际中使用目的语，类似于儿童习得母语的方式，侧重于意义、内容和效果，而非语言结构形式，即“潜意识的习得”。在这个过程中，习得是核心，学习则扮演着“监控”的角色，对实际使用中的语言进行监控和修正。学习和习得在第二语言运用中的功能是不同的，说话者的内容丰富度和流利度主要取决于“习得”。监控功能用于修正话语中的形式错误，这一理论对第二语言教学具有指导意义。监控的发展依赖于课堂上传授的正式语法规则，而话语习得则是在交际中不知不觉地获得的。对语法规则的有意识感知虽然对习得无直接帮助，但它能够“打磨”通过交际习得的内容，使其更为精确。因此，外语学习的重点不应是学习语法规则，而应更多地关注交际活动。将克拉申的语言监控理论应用于大学英语网络教学，探讨该理论与网络教学之间的关系，以及在这一理论指导下网络教学模式应该如何构建，是当前教育研究的重要课题。

（二）输入假设理论

克拉申的语言习得理论强调，习得依赖于大量的语言输入信息。只有当学习者接触到稍微高于他们当前语言能力的“可理解的语言输入”，并且他们能够将注意力集中在理解意义或信息上，而非语言形式时，习得才会发生。这就是克拉申的输入假设，也是其理论的核心。其中，i 代表学习者的现有水平，而 i+1 则代表略高于学习者现有水平的语言材料。克拉申认为，这种 i+1 的输入并不需要刻意提供，只要学习者能够理解输入，并且有足够的量，就会自动产生这种输入。理想的输入应具备以下特点：

（1）可理解性：理解输入的语言材料是习得的必要条件，不可理解的输入对学习者来说只是噪声。

（2）既有趣又相关：输入的语言材料越有趣、越相关，学习者就越容易在不知不觉中习得语言。

（3）非语法程序安排：语言习得的关键是足够量的可理解输入。如果目标是习得而非学习，那么按语法程序安排的教学既不必要也不可取。

（4）足够的输入量：要习得新的语言结构，仅靠几道练习题或几篇短文是不够的，需要连续不断地进行内容丰富、有趣的广泛阅读和大量对话。

网络教学模式在我国学生英语语言输入环境不足的背景下应运而生，满足了学生的需求。输入假设对外语教学也有启示，它提醒教师在课堂教学中关注学生的现有语言水平，并在输入难度上考虑学生的可接受程度。此外，与传统课堂相比，网络技术提供的庞大资源库和与教学软件相关的各种链接极大地弥补和扩展了传统教材在内容和形式上的不足，为学生提供了广阔的学习空间，增强了他们的语言输入能力。

（三）建构主义教学理论

建构主义教学理论虽然内容繁多，但其核心思想可以简洁地表达为：以学生为中心，强调学生主动探索和发现知识，以及对所学知识意义的主动建构。这与传统教学不同，后者通常是将知识从教师直接传递到学生，而建构主义则认为教师应作为意义建构的协助者和促进者，而非仅仅是知识的传递者。学生在建构主义学习模式中是信息加工的主体，是意义的主动建构者，而非被动接受信息的对象。建构主义强调"学"，而传统教学强调"教"，这是两种教育理念的根本区别。建构主义学习环境得到了现代信息技术的有力支持，使得建构主义理论与教师的教学实践日益结合，成为国内外学校教学改革的重要指导思想。

建构主义认为，理想的学习环境应允许学习者自由探索和自主学习。在这样的环境中，学生可以利用各种工具和信息资源（如文本、书籍、音视频资料、计算机辅助教学与多媒体课件、网络信息等）来实现个人学习目标。教育技术专家们近年来进行了大量研究与探索，旨在建立一套与建构主义学习理论和学习环境相适应的全新教学设计理论与方法体系。尽管这一理论体系的建立是一项极具挑战性的任务，不可能一蹴而就，但其基本思想和原则已逐渐清晰，并开始应用于指导基于多媒体和网络的建构主义学习环境的教学设计。

（四）人本主义心理学派学习理论

人本主义理论认为，认识是主体内部预先形成的结构的展开，学习是个性、潜能和价值的自我表现和实现过程。它强调成人学习过程中自我概念和情感因素的重要性。教学的核心是创造一个能够带来预期结果的情境，即为学生提供一个安全、宽松的学习环境，以促进他们的自我实现，并使学生能够积极参与教育过程。人本主义倡导建立"真实"、易于"接受"和"理解"的人际关系，在亲密、和谐的师生关系中，让学生感到学习上的安全，敢于真实地表达自己，充分展现个性和创造性地发挥潜能。

人本主义学习理论建立在人本主义心理学之上，受到美国心理学家马斯洛和罗杰斯的深刻影响。人本主义教学理念强调教学的目标是促进学习，而不是教师通过填鸭式教学强制学生被动地学习枯燥、琐碎且容易遗忘的教材。人本主义教学观基于其学习观，罗杰斯认为，那些可以教给别人的知识相对而言是无用的；真正能够影响个体行为的知识，是个人自己发现并内化的。因此，教学如果未能激发学生的兴趣和需求，就可能是有害的。教师的角色不是简单地传授知识（这是行为主义者的观点）或教授学习方法（这是认知主义者的重点），而是提供学习资源，创造促进学习的氛围，让学生自主决定如何学习。

三、常见的大学英语网络教学模式

（一）网络自主学习模式

这种模式强调个性化教学和自主学习，主要分为两种类型：网络自主接受模式和网络自主探究模式。

（1）网络自主接受模式——学生 + 学习资源 + 指导教师。这种模式主要关注学生的语言知识和技能培养，训练内容以填空、选择、判断、匹配等题型为主，这些题型提供详细答案。学生在完成练习并提交答案后，计算机系统会根据预设的识别和反馈机制自动批改作业，错误会被明确指出，并提供正确答案。

（2）网络自主探究模式——学生 + 任务 + 学习资料 + 教师。这种模式旨在提升学生的语言应用能力，而不仅仅是词汇或语法等基础知识。教师会布置语言任务，学生在模拟真实语言任务的过程中，在教师的指导下不断改正和探索，最终目标是熟练掌握语言技巧。

（二）网络综合教学模式

在网络教学中，单一的教学模式往往不能满足多样化的教学目标需求，因此通常会根据具体情况将多种教学模式结合起来使用，形成所谓的综合教学模式。

（1）网络任务合作模式——学习小组 + 任务 + 参考资料 + 教师。此模式通过学生组成学习小组，利用网络资源来完成教师布置的较为复杂的语言任务，旨在提升学生的综合语言能力和团队合作意识。在这种模式下，教师扮演着关键角色，需要根据学生的语言和综合能力进行分组，并提供必要的资源索引。在学生完成任务的过程中，教师应及时指出问题，调解小组合作中可能出现的矛盾，监控任务进度，并在任务完成后组织评估。整个过程中，学生应尽可能使用目标语言进行沟通、参考英语资料、用英语总结发言，并提交英语书写作品。这种模式通过创建虚拟任务环境，让学生在完成任务的同时提高语言综合应用能力，并培养团队合作精神。

（2）网络集体传递模式——学生＋学习资源＋教师。这种模式与传统的课堂教学模式相似，不同之处在于它是通过虚拟网络进行的。在这种模式下，教师通过网络向学生传递学习资源，指导学生的学习过程，而学生则通过接收这些资源来进行学习。尽管模式相似，但网络环境为教学提供了更多的灵活性和互动性。

四、网络环境下的外语教学所应遵循的原则

在现代多媒体和网络技术支持的教学环境中，我们可以根据认知建构主义理论和人本主义心理学理论来构建网络教学环境下外语教学应遵循的原则：

（一）学生中心原则

学生应成为教学的核心，全程参与自主教学的决策过程，自觉地对自己的学习进行自我管理和评估，对自己的学习成果负责，真正成为学习的主人。

（二）学习自主性原则

学生在自主学习的过程中，应根据个人不同的需求、动机和目标，主动、创造性地独立选择学习内容、方法、过程和形式。这涉及学习者有意识地规划、监控、执行和反思学习过程。

（三）学习前瞻性原则

学生应积极参与学习和教学活动，寻找适应现在和未来终身教育的新学习方法，以便应对学习中出现的新挑战。例如，研究性学习如 WebQuest 能够让学生围绕实际问题进行自主探究和发现，这是一种基于问题解决、协作交流和资源共享的学习。

（四）构建“主导—主体相结合”的教学结构

教师的主导作用与学生的主体作用相结合。在网络环境中，教师的主导

不仅包括对教学内容的讲解和对学生的启发引导，更重要的是在情境创设、信息资源提供、合作学习组织、研究性学习指导以及自主学习策略设计等方面的作用。教师必须了解学生的需求，赢得学生的信任，帮助他们认识到自主学习的重要性，从而逐步将学习责任转移给学生。

五、“互联网 +”时代大学英语的教与学

（一）对大学英语教师而言

随着网络学习平台、手机英语学习应用程序、微信公众平台的移动课程等基于网络的大学英语教学和学习工具的出现，传统的大学英语课堂正面临着冲击，同时大学英语的教学理念和教师角色也面临着新的挑战。为了适应“互联网 +”时代所带来的机遇和挑战，大学英语教师应当从多个角度进行自我调整，以便更好地应对和把握新时代的教育环境。

1. 采用新思维引导教学

在当前的大学英语教学中，“学生为中心”的口号虽然常被提及，但实际上却往往流于形式，教师们仍然倾向于使用集体授课和填鸭式教学，继续以“教”为中心的传统教学模式。然而，“互联网 +”时代的思维核心是在科技和通信的背景下，所有教育实践都应当以“以人为本”的原则为基础，关注满足学生的个性化需求。在大学英语教学中，“人性化”意味着真正实现“以学生为中心”的教学理念。这要求教师们重新理解并实践“以学生为中心”的教育原则，即将学生的学习和发展置于教学的核心位置，从传统的“教”转向“学”，摒弃单一的灌输式教学方法，鼓励学生思维的自由发展，发挥他们在学习过程中的主动性和创造性。教师应倡导结合协作学习、个性化教学、小组讨论等多种教学方式，实现教学的全面性、整体性和协调性。大学英语教师需要更新教学观念，全面规划教学活动，确保教学设计和实践始终围绕学生的需求和成长展开。

2. 重新定义教师角色

传统上，教师被视为知识的传递者和解惑者。在信息技术不发达和传统教学模式的影响下，大学英语教师通常扮演着知识拥有者和传播者的角色。

在“互联网 +”时代，英语知识和其传播的垄断已被打破，同时提供了无时空限制的语言学习和交流平台。这并未减轻大学英语教师的负担，也不表明他们的角色会被取代。相反，它强调了大学英语教师的重要性，因为在众多网络学习资源的背景下，学生需要教师的帮助来筛选、选择和有效利用这些资源来学习英语。面对这些新挑战，大学英语教师需要扮演更多元化的角色，如学习者、研究者、设计者、合作者和引导者。

“互联网 +”时代带来了新的教学和学习方式，以及先进的大学英语教学理念和丰富的学习资源。大学英语教师应秉持终身学习的理念，不断自我提升，与学生在课堂上合作互动，促进教学相长；在课堂之外，引导学生积极自主地学习英语。

3. 利用新科技提升自己

新型的大学英语教学和学习方式，如网络平台和移动应用，提供了传统课堂所不具备的便携性、适应性、多样性和情境化特点。将传统课堂与这些新兴教学方式相结合，是“互联网 +”时代大学英语教学发展的必然方向。这就要求大学英语教师不仅要有扎实的专业知识，还要熟练运用教学相关的计算机软件，并能够在必要时解决教学过程中出现的简单技术问题，以保证教学活动的顺利进行，并有效地支持现代大学英语教学。

（二）对大学生的要求

在“互联网 +”时代，大学生同样面临挑战。大学时期是人生的关键时期，但大学生的心理和生理发展尚未完全成熟。信息时代的到来，伴随着网络学习资源的爆炸性增长，对大学生的批判性思维和学习能力提出了考验。大学生需要在日常生活中培养自我思考的能力，根据个人学习需求选择正确的知识资源，积极利用在线学习课程和学校提供的网络自学条件，从被动的学习者转变为主动的学习者、从接受知识的学习方式转变为探究式学习、从个人独立学习转变为协作学习。

参考文献

[1] 蔡玲 . 大学英语教学实践探索 [M]. 长春：吉林文史出版社 , 2021：03.

[2] 丁煜，等 . 大学英语教学多维探究 [M]. 武汉：华中科技大学出版社 , 2021：10.

[3] 王家华 . 文学翻译与大学英语教学研究 [M]. 天津：天津科学技术出版社 , 2023：01.

[4] 肖玲，郑苏英，石丹丹 . 英语教学研究与实践 [M]. 延吉：延边大学出版社 , 2022：08.

[5] 周雪 . 多元视阈下的大学英语教学研究 [M]. 北京：中国商业出版社 , 2022：01.

[6] 刘潜 . 语言学与大学英语教学融合探索 [M]. 长春：吉林出版集团股份有限公司 , 2022：12.

[7] 李晓玲 . 大学英语教学方法研究 [M]. 西安：陕西科学技术出版社 , 2020：07.

[8] 陈细竹，苏远芸 . 大学英语教学模式的革新与发展研究 [M]. 长春：吉林人民出版社 , 2021：06.

[9] 张颖 . 多元视角下大学英语教学探索 [M]. 北京：现代出版社 , 2021：09.

[10] 丁睿 . 大学英语教学发展研究 [M]. 长春：吉林人民出版社 , 2019：11.

[11] 余玲 . 文学翻译与大学英语教学 [M]. 北京：原子能出版社 , 2019：09.

[12] 苏婷婷，董霞，靳慧敏 . 互联网背景下的大学英语教学创新研究 [M].

北京：中国书籍出版社，2023：01.

[13] 周建萍 . 大学英语教学行动研究 [M]. 旅游教育出版社，2019：06.

[14] 王岚，王洋 . 英语教学与英语思维 [M]. 长春：吉林人民出版社，2019：12.

[15] 郑春伶 . 多元社会文化与大学英语教学研究 [M]. 北京：北京工业大学出版社，2020：04.

[16] 杨敏 . 跨文化背景下的大学英语教学 [M]. 中国原子能出版社，2020：08.

[17] 张献编 . 大学英语教学理论及实践应用 [M]. 武汉：中国地质大学出版社，2020：08.

[18] 邝增乾 . 大学英语教学的情感因素研究 [M]. 长春：吉林人民出版社，2020：07.

[19] 张晶莹 . 认知语言学与大学英语教学研究 [M]. 长春：吉林教育出版社，2020：07.

[20] 周保群 . 大学英语教学模式与课程建设研究 [M]. 重庆：重庆大学出版社，2020：05.

[21] 魏微 . 大学英语教学基础理论与实践研究 [M]. 长春：吉林人民出版社，2020：08.

[22] 朱飞 . 大学英语教学中的翻转课堂 [M]. 长春：吉林大学出版社，2020：03.

[23] 王娟 . 现代多元化大学英语教学 [M]. 哈尔滨：黑龙江教育出版社，2020：01.

[24] 张慧 . 信息化背景下大学英语教学与创新思维研究 [M]. 北京：中国纺织出版社，2022：08.

[25] 孙晓鸣，张锦娜，张逸洋 . 大数据时代大学英语教学模式创新与实践研究 [M]. 哈尔滨：哈尔滨出版社，2022：09.

[26] 刘欣 . 多模态视角下的大学英语教学模式研究 [M]. 北京：中国纺织出版社，2022：06.

[27] 侯丽梅 . 自主学习能力培养下的大学英语教学改革 [M]. 北京：中国书籍出版社 , 2022：01.

[28] 于明波 . 基于现代教育技术的大学英语教学改革路径探析 [M]. 中国纺织出版社 , 2022：01.

[29] 韩艳 . 新时期高校英语教学及发展研究 [M]. 吉林出版集团股份有限公司 , 2023：03.

[30] 李红霞 . 大学英语教学研究 [M]. 天津：天津科学技术出版社 , 2017：06.